ON COUCHE TOUJOURS AVEC DES MORTS

À Sibylle
et à César, qui est né avec ce livre.

Lorsque l'enfant était enfant,
il ne savait pas qu'il était enfant,
pour lui tout avait une âme
et toutes les âmes étaient une.
Lorsque l'enfant était enfant,
ce fut le temps des questions suivantes :
Pourquoi suis-je moi et pourquoi pas toi ?
Pourquoi suis-je ici et pourquoi pas là ?
Quand a commencé le temps et où finit l'espace ?
La vie sous le soleil n'est-elle rien d'autre qu'un rêve ?

PETER HANDKE, *Les ailes du désir*

Il était une fois un homme qui dormait avec des singes. Parce que des hommes lui avaient soufflé son innocence, eux seuls pouvaient le comprendre, eux seuls pouvaient le rendre à ses silences. Ils ne se permettaient pas de s'inviter dans sa tête, de chercher à saisir ce que le sommeil ne parvient plus à étouffer, ce à quoi il oblige dans les tréfonds de la conscience et qui continue de nous hanter, spectres enfouis, peurs irrésolues jaillissant par spasmes aux douze coups de minuit.

Cela s'est terminé comme dans un mauvais western : une balle entre les deux yeux, tirée par un chasseur du Lot dans un château aux allures de Carpates. Les chansons font revivre les morts. Depuis, des générations entières se recueillent sur les couplets de *Pépée,* ferveur religieuse où chacun redessine inlassablement les traits de l'être regretté.

Ce *personal Jesus* postillonnait, bougonnait, vaticinait depuis on ne sait quel ciel. On remarquait bien qu'il n'était pas comme nous. Il voyait plus loin. On ne comprenait pas bien ce qu'il marmonnait. Ses mots paraissaient aussi étranges que sa coiffure, cheveux électrisés d'un Docteur Mabuse au piano chantant. L'homme faisait peur. Un secret semblait l'habiter. On le craignait, avant qu'il n'éclaire nos routes. Sa main glissait sous nos crânes endormis.

Mais il ne reviendra pas, tout comme la guerre de Quatorze, les prémices du Front populaire et la guerre de Trente-neuf ne se représenteront pas à intervalles si rapprochés, tout comme l'étourdissement de l'existentialisme, la libération sexuelle et les barricades de Mai 68 n'auront duré que le temps d'une cigarette. Il était de... passage.

Voici son histoire. *Une* de *ses* histoires. C'était il y a très longtemps. Un homme faisait le deuil de l'enfant qui sommeillait en lui. Des bêtes l'avaient aidé à boire et à manger. Elles ont été tuées. La fiction a colonisé la mémoire des témoins d'alors. Des gens qui vivaient ensemble en sont venus à se haïr, se battant sur la légitimité du nom, d'une filiation, d'un héritage artistique et spirituel, chacun arrimé à ses propres certitudes. Des faits demeurent pourtant qui, même arrangés, transfigurés par le souvenir, continuent de rappeler l'un des plus incroyables projets de réconciliation qui soit pour un artiste, flamme ultime, retour subit du refoulé dans des sursauts confus d'amour, de dégoût et de ressentiment mêlés.

C'était l'époque des pensionnats, genoux écorchés de prières absurdes. C'était il y a très longtemps. Mais c'est lui encore, vingt ans après sa disparition. Je suis vivant et vous êtes morts, voici ce que semble murmurer sa bouche rongée par les vers, depuis le petit cimetière de Monaco où il repose face à la Tête de Chien. Devant cette falaise, la dernière vue qui s'offre aux suicidés de la principauté, d'autres réalités se dressent, comme dans une nouvelle de Philip K. Dick. Et qui nous parlent. Allô, Léo ?

Un enfant aurait pu dire, ou bien Lui :

Et si je ferme les yeux, est-ce que tout revient, comme ce nuage que je pourrais toucher de la main ?

Est-ce que tout tient, les cigarettes fumées ensemble, les heures passées dans les bois à composer des chefs-d'œuvre, le cul dans un rocking-chair, le même que dans *Emmanuelle*, pendant que Pépée se balançait d'arbre en arbre ? Est-ce que tout revient, les *Paris-Match* dévorés au salon, les westerns à la télé, les nuits dans ce lit trop grand pour un couple sans enfant ? Et puis, les tours de poussette, les couches, les odeurs de pipi, notre île en Bretagne, Cancale, Saint-Coulomb, Saint-Malo, parfait alignement avec la mer en vis-à-vis qui se fait un shampoing deux fois par jour ; la mer qui monte et qui descend bordée de mousse, ultime récompense pour les dos brisés par ces bonbonnes de gaz à rapporter du rivage... Est-ce que tout revient, Perdrigal, la gale, les tuiles jetées aux importuns, sans oublier les robes des courtisanes arrachées les soirs de fête au château ? Est-ce que tout s'éteint, cette chute, notre chute, une blessure, notre blessure, la folie, notre folie ?

Pépée, mon amour singe, je t'ai prise pour mon enfant, cet enfant que nous n'avons pas eu ensemble. Ça en fera toujours un de moins à s'emmerder dans la vie. C'est ce qu'on se disait, Madeleine et moi. Notre drame, on l'avait transformé en argument poétique. De combien de mensonges la poésie est-elle faite ?

J'aimais te regarder, enfermée dans ta solitude. Je t'observais dans ta mélancolie. Ma muse, mon double, mon bébé, pendant huit ans je t'ai eue. Tu m'as dressé. Je t'ai aimée d'un amour inconsidéré. Alors quand tu es partie, je t'ai pleurée, ma terreur du quartier, qui envoyait les chiens des fermiers valdinguer, mon beau danger qu'il avait fallu débusquer, un jour, emmêlée dans les fils à haute tension d'une voie de chemin de fer. Tu ne cessais de t'enfuir. Mais jusqu'au dernier jour dans cette campagne toscane où je reverdis avant de mourir à mon tour, c'est toi qui me reviens. Comment dire... Ai-je aimé plus fort quelqu'un d'autre que toi ? Tu donnais à boire à l'aveugle, tu rendais la soif au corps outragé.

PÉPÉE

Il faisait nuit, comme toujours, lorsqu'il fallait prendre la route. Et que ce fût le premier jour du printemps ne changeait pas grand-chose à l'affaire. Il s'agissait de faire vite. Tout en lui était tendu. Quitter Perdrigal s'effectuait immanquablement dans la douleur. C'était dans la précipitation, barbe de trois jours, coiffure d'homme des cavernes. Puis, à l'aveugle, chercher une cigarette, une Celtique, promis, la dernière, dans la boîte à gants. Un coup d'œil dans le rétroviseur, et ensuite il n'y avait qu'à filer, c'était tout droit...

Cette route, combien de fois l'avait-il déjà prise ? Il aurait pu conduire les yeux fermés, c'étaient toujours les mêmes tunnels sur les mêmes départementales. Et quand on entrevoyait enfin la lumière, c'était un poids lourd qu'on croisait en sens inverse. Car la nuit, disait-il, seuls les artistes et les camionneurs roulent. On est seul. C'est ce qu'il dit, c'est ce qu'il croit, du haut de ses cheveux teints qu'il ramène par mèches filandreuses sur le dessus du crâne. Madeleine s'en amusait : Pourquoi n'assumes-tu pas ta calvitie ? Effectivement... Mais il était trop tard pour se laisser aller à ce genre de considérations oiseuses, la vie, la mort, la coiffure comme horizons indépassables... Il y avait la nuit, il y avait la route. La route, pour lui, c'était un but à atteindre, un public, une maison. Il connaissait tous les chemins pour y parvenir. Aucune embardée n'avait de secret pour lui. Il suffisait de compter les secondes entre les virages. À gauche, en sortant du domaine, légère pente, virage en épingle, puis à droite en direction de Gourdon, Gourdon sans goudron, ou presque, encore, puis la France à traverser.

Ce jour-là, c'était Elbeuf, en Normandie. Un concert : simple. Après une nuit d'hôtel, on reprendrait la route dans l'autre sens pour revenir à l'ombre des chênes pubescents voir de quel bois se chauffe la chanson. Déjà, il sentait la clameur du public, sa mécanique d'applaudissements, son silence de glace au moment où l'artiste entre en scène, entièrement vêtu de noir au côté de son pianiste aveugle. Il savait ce qui l'attendait. Et que ce fût le premier ou, plutôt, le deuxième jour du printemps, ne changeait pas grand-chose à l'affaire. La vérité pliait sous la main d'un homme de cinquante et un ans qui voilà longtemps avait renoncé à se laisser submerger par le doute.

Ce jour-là, c'était le 22 mars 1968.

La voiture était prête depuis la fin de l'après-midi. Une Citroën DS 21 bleu marine après une Mercedes 300 de couleur verte. C'était un rituel établi à Perdrigal. De peur d'éveiller l'attention des animaux, au moment de quitter les lieux on positionnait la bagnole en haut d'une pente. On la chargeait, on s'éloignait, puis on allait dîner. Après une bouteille de vin débouchée par Pépée, le repas pris à table avec le chimpanzé, on commençait un film à la télé. Pépée donnait le signal. Elle tirait la langue : dodo ! On montait la coucher, au premier étage, dans la chambre du couple, sous les toits. Elle dormait. Maintenant, après avoir rejoint sans bruit le véhicule, on desserrait le frein à main et on se laissait glisser, moteur éteint, dans le silence crépusculaire. Les roues crissaient sur le gravier. Toutefois, avant de mettre sa vie d'ermite entre parenthèses, on avait pris soin d'emporter avec soi un vieux pull-over avec son odeur, car si les femmes sont jalouses, les guenons ne le sont-elles pas encore plus? Il fallait qu'elle ne sache rien, au retour, de l'autre vie que menait son maître à Paris ou ailleurs, fragrances entêtantes, salles combles, Bobino, théâtres de province, MJC de banlieue, partout standing ovations, puis dîners avec des femmes trop apprêtées. Mais, après les costumes de scène, un temps chapeau melon, un temps col Danton, les haillons signifieraient le retour à Perdrigal. La vie pourrait reprendre son cours, bien nerveusement, dans ce château retiré du monde, avec ses vitres brisées, ses fils arrachés, ses tapis persans maculés de merde. Un château? Non, plutôt une vieille masure, qui prenait la pluie à force d'être détuilée.

Un vent léger soufflait dans les arbres. Une fraîche humidité remontait des sous-bois. Sa valise était prête. Il l'attendait. Madeleine devait le rejoindre. Cette route, bien évidemment, ils allaient la faire ensemble. Depuis qu'ils s'étaient rencontrés, dix-huit ans plus tôt, ô putain, deux cent dix-neuf mois depuis ce 6 janvier 1950, rien pratiquement ne s'envisageait sans elle. Ils étaient liés, inextricablement, de même qu'ils s'étaient mariés sous le régime de la communauté de biens universelle. Tout ce qui était à l'un revenait à l'autre. C'était Léo et Madeleine, Madeleine et Léo. Incontestablement. Comme il y avait Elsa et Aragon, couple miroir, amis modèles, deux pour le prix d'un. Tout ce qui était l'un renvoyait à l'autre. Les connaître, c'était déjà les aimer.

Il y avait une personne à ses côtés, il y a toujours eu une personne à ses côtés, pour calmer, rassurer, aiguiller, gérer tout ce qu'un artiste délègue par paresse, arracher aux terreurs que la foule provoque. Il ne possédait pas la beauté d'un jeune premier, loin de là. Il en avait d'ailleurs souffert, cicatrice à jamais ouverte. Trop sérieux pour son âge, il n'avait pas goûté aux primeurs de la jeunesse. Les jeux de l'époque l'avaient ignoré. Il avait cependant réussi à ce qu'on l'aimât jusqu'à l'abnégation. Et cette personne à ses côtés, la première d'entre toutes, avait été Madeleine, une femme d'une beauté capiteuse, qu'on n'était pas près d'oublier une fois qu'on en avait croisé le regard, yeux de chat qui laissait à sa suite un souvenir marquant comme l'effluve de son parfum, un Guerlain à la mode. Ses petites jambes nerveuses aidaient à gagner du temps sur le temps. Madeleine jetait les bases d'une carrière à reprendre en tout point. Elle était le meilleur ambassadeur de sa beauté intérieure. Le charme de Léo était loin d'être évident pour tout le monde. Il s'agissait d'un trésor au fond des mers. Pour en extraire le métal le plus fin, il fallait plonger.

Elle se nourrissait de lui. Son dévouement exigeait une présence de tous les instants. Madeleine était là, toujours, Brian Epstein ou Yoko Ono, amoureuse ou vénéneuse, selon les points de vue, tout entière vouée à ses propres intérêts. Les nuits blanches, les tournées des cabarets, Les Assassins, Port du Salut, Échelle de Jacob, Vieux-Colombier, les projets d'opéras, *La Nuit*, sa seule mention artistique à ses côtés, le contrat de 1953 chez Odéon, le conte musical *De sac et de cordes* avec Jean Gabin (là, elle figurait dans les chœurs), cet Olympia avec Joséphine Baker et son mépris affiché — même pas un regard ! Et puis, ce retour de Léo, quelques mois plus tard, boulevard des Capucines, en vedette cette fois-ci. Les rangs clairsemés avaient éveillé Léo aux premières rancœurs. Toujours, elle était là. Madeleine avait été de toutes les premières fois.

C'était elle qui disait non. Elle tenait ce rôle. Pour l'atteindre, lui, il fallait passer par elle. Elle était son rempart, sa protection, sa caution intellectuelle. N'était-ce pas elle qui l'avait accouché, révélé, dompté, quand dans son modeste costume de velours vert il s'escrimait à se voir artiste ? Il chantait parce qu'il avait de la voix. Tout simplement. C'est ce qu'il disait, c'est ce qu'il croyait. Tout en lui pourtant était si timide. Elle lui avait appris, petit poisson barbotant au milieu des requins, les raclements de gorge, le souffle requis, les appréhensions du microsillon naissant pour se lancer enfin dans le grand bain. C'était elle qui disait non. Elle avait ce pouvoir. La chanson française se réinventait sous leurs yeux. Avant, il avait fallu éprouver la bave de l'escargot. Les téléphones sonnaient dans le vide, les portes s'entrouvraient difficilement. Appeler Prévert ? Lequel ? Pierre ? Jacques ? Pierre. Jacques le snobait. Le dédain ? Ils en connaissaient chaque interstice. Dans leur dictionnaire maison des synonymes, Yves Montand figurait en bonne place. Oh, l'idiot d'avoir ignoré *Paris canaille*, prétextant déjà posséder une chanson de voyou à son répertoire ! Léo n'oubliera pas. Désormais, « Battling Joe » ne sera plus évoqué que sous son appellation d'état civil, Yvo Livi, chaque syllabe de son nom bien distinctement prononcée pour mieux renvoyer cette star de l'entracte aux cordes d'un anonymat programmé. À la décharge de « Battling Joe », en ce début d'années 1950, le nom de Léo Ferré n'a rien d'une évidence. Des petites lunettes cerclées de métal, un grand front dégarni et surtout une façon péremptoire d'aborder la chanson ne laissaient guère de place au poète qui n'attendait que le baiser de son interprète.

Dix années s'étaient écoulées. Un cercle s'était formé. Catherine Sauvage avait popularisé *Paris canaille.* Lui, on l'avait entendu au Vieux-Colombier, dans ce théâtre où Antonin Artaud avait délivré ce long monologue *Pour en finir avec le jugement de Dieu,* dont le sens pouvait échapper à certains, sauf Léo, qui semblait déjà y trouver la matière de ses récitatifs à venir, pleins de cette présence rejetée, le diable, qui reste toujours, à défaut, l'ombre de Dieu : « Je renie le baptême et la messe. Il n'y a pas d'acte humain, qui, sur le plan érotique interne, soit plus pernicieux que la descente du soi-disant Jésus-Christ sur les autels. » Là, toute la rive Gauche se pressait à sa table, les esprits libres, libertaires, littéraires. Mais l'Alhambra marquait encore une étape dans l'accession au succès, une sorte d'acmé pour ce couple sans enfants. Ils ne pouvaient en avoir. Ils se rabattaient sur les chansons, ce succès à consolider jour après jour.

Mars 1961. La salle située à quelques regards de la place de la République a de la gueule avec son millier de places assises. Léo possède le répertoire. Ce bouquet s'avérera plus explosif encore lorsqu'il réinvestira l'Alhambra à l'automne suivant avec *Vingt ans, Thank You Satan* et d'autres bombes lâchées au seuil de ses lèvres. Léo est là, Madeleine aussi. Eux seuls peuvent mesurer le chemin parcouru. Elle lui a enlevé son habit de montagnard à grosses godasses, au profit d'un pantalon de cuir noir. Elle lui a enseigné les gestes, les mouvements, un par chanson, la règle, tout en tension et retenue, le déplacement d'un artiste sur une scène. Elle l'a contraint à se teindre les cheveux. Ce cirage lui redonne du lustre. La barbe... Ainsi a-t-il pris sa peau d'interprète. Il est comme un coq en pâte, épanoui, première fois qu'il se déplie, longs bras d'hominidé dont il découvre les ombres projetées dans la salle réouverte près des Grands Boulevards par Maurice Chevalier. Il appréhende ce corps, s'en accommode, comme soudain accouché de son enveloppe d'anthropoïde. Il s'y voit. Enfin. Il est heureux. Ils sont comblés. Sa chanson *Y en a marre* continue de hanter les esprits avec son crescendo libérateur : « Y a quelque temps Christophe Colomb, croyant découvrir l'Amérique, a découvert dans le coton des Blancs jouant avec la trique. Y en a marre, y en a marre, y en a marre. [...] Et peut-être qu'un jour le crucifié lâchera ses clous et ses épines, sa rédemption et tout le paquet, et viendra gueuler dans nos ruines. Y en a marre, y en a marre, y en a marre. » Ce soir-là, sur la photo avec Maurice Chevalier, son sourire se découvre pour la première fois. Il a les dents de la chance...

À l'Alhambra, un dresseur de singes ouvre le spectacle avec sa troupe, la Marquis' Family. Le numéro consiste à faire exécuter des tours de patins à roulettes à des chimpanzés juchés en équilibre sur des motocyclettes. Le public s'esclaffe. C'est drôle, comme lorsqu'on voit un singe dans un zoo ou une cage. On rit parce qu'on a honte de ce qui nous ressemble tellement. On rit parce que les traits du singe sont si proches de ceux de l'homme qu'on rit pour ne pas pleurer. Mais lui ne rit pas. Il observe, stupéfait. L'homme dresse les bêtes avec les yeux !

Déjà à Monaco, il contemplait des heures durant les carrioles tirées par deux chevaux. Les taxis de l'époque. Son grand-père a été cocher de fiacre à Nice. C'est son propre père qui le lui a appris. Ce même papa trop tôt orphelin pour avoir vraiment connu son père. Les chevaux passaient encore devant le casino où il travaillait, lui, le fils de cocher, dans son exil monégasque : « Joseph, Benezet, Marius Ferré », le géniteur de Léo. De son bureau de directeur du personnel de la Société des bains de mer, placé pile sous la grande horloge extérieure, Joseph les regardait, au pas, avant l'arrivée des voitures de luxe, toujours sans son père, mort fort longtemps auparavant déjà. Qu'apercevait-il sous sa fenêtre ? Son fils, Léo, qui effectuait un tour du rond-point avec un âne tirant une charrette à foin ? Le petit-fils du cocher de fiacre réclamait l'attention du père. Faute de quoi, il peuplait le vide avec un monde fourmillant d'animaux.

À l'Alhambra, le dresseur de singes lui signala une jeune guenon que le cirque Bouglione lui avait confiée. Elle se prénommait Gloria. Elle était née le 19 septembre 1959, tiens, le même jour que Madeleine... Atteinte d'une pleurésie. Ses jours étaient comptés. Déjà, il avait fallu abattre la mère. Des chasseurs s'en étaient chargés. Des chasseurs... Gloria attendait sur le trottoir d'en face, là, dans une caravane... Probablement pressentait-il qu'il l'adopterait, de même qu'il avait recueilli des années plus tôt un hibou aux abords de sa maison de Nonancourt, dans l'Eure. L'animal se tenait reclus dans un sapin. Une patte brisée. Durant deux mois, le hibou avait logé chez les Ferré, le temps de se refaire une santé.

Il y a longtemps, des paysans clouaient les hiboux aux portes des maisons. La bête portait malheur. Elle éloignait autant qu'on la tenait à l'écart. Léo connaissait ces légendes. Il savait aussi les yeux de ces animaux : extraordinaires ! Il s'y voyait, personnage de la nuit, comme lui, le chanteur qu'on écoute le mieux ainsi parce qu'il semble nous dire : Eh bien, si tu souffres, moi aussi j'ai souffert. Je te livre ma souffrance, alors peut-être qu'elle te libérera de quelque chose. Essayons d'être deux, essayons de nous tenir la main. Je suis ton apaisement. Écoute-moi, comme la nuit on écoute le chant des hiboux.

Léo prit le hibou dans ses bras. Curieusement, il lui donna le prénom d'un professeur qu'il avait détesté au temps de son pensionnat, à Bordighera : Sosthène... André Breton, le précieux ami qui s'invitait à Nonancourt, l'avait questionné : « Léo, mais qu'est-ce que vous trouvez aux animaux ? — Écoutez, André, moi ce qui me plaît, ce qui me touche chez les animaux, c'est l'innocence. »

À l'Alhambra, André Breton n'était plus là pour s'interroger sur la question des animaux chez son ami Léo. Une brouille était survenue après qu'André se fut permis de critiquer l'ouvrage *Poètes, vos papiers !* : « Léo [...], danger de mort, ne faites jamais paraître ce livre. » Un téléphone raccroché au nez signa la fin d'une intense relation avec le pape du surréalisme. André, ce cher André, avait vu en Léo le plus grand poète de son époque. Un pape en guise de papa, ce n'est pas rien.

La roulotte de la Marquis' Family était garée en face de l'Alhambra. Gloria l'attendait. Léo traversa la rue. Gloria ouvrit la porte de la caravane. Léo prit l'animal dans ses bras. La guenon s'endormit avec ses petits poings fermés. La décision fut prise à ce moment-là. Elle serait à lui, à eux. Ils s'en occuperaient. Seul le prénom changerait, selon cette habitude que Léo avait de rebaptiser et les êtres et les choses. Désormais, Gloria se prénommerait Pépée, ainsi qu'on désignait alors la plus pulpeuse des filles, une BB en technicolor. Elle serait la première dans l'arche de Noé que Léo et Madeleine s'apprêtaient à bâtir, recueillant tous les animaux maltraités ou voués à l'abattoir. Le dresseur de singes avait cependant mis Léo en garde : « Faites attention ! Très vite, si c'est pas vous le patron, c'est elle. » Mais Léo n'avait pas bien entendu. Ses oreilles étaient repliées, comme celles de Pépée, qui ronflait maintenant.

Chez eux, ce n'était pas si grand. Arkel et Canaille, les saint-bernard aperçus sur scène lors de l'Olympia de 1954, occupaient déjà bien l'espace avec leurs neuf chiots. Ces boules de poil semblaient des éléphanteaux dans un magasin de porcelaine. Oui, c'était tout petit chez Léo et Madeleine, une artère poisseuse aux portes de Paris. Après avoir inauguré leur vie de bohème au quartier Latin, ils avaient élu domicile là, rive Droite, sur un boulevard dédié à un ancien général des armées américain. D'un garage sur le trottoir émanaient des odeurs d'essence...

Dans la cartographie mémorielle de Léo Ferré, l'appartement du boulevard Pershing est le seul lieu qui n'existe plus. Il a été rasé au début des années 1970 avec l'érection du périphérique ouest de la porte Maillot et l'aménagement de son terre-plein central en un vaste complexe commercial. Il s'agissait d'un appartement de la Ville de Paris, un trois-pièces donnant sur cour. De l'extérieur, on aurait cru une maison de ville, ainsi perchée au milieu de nulle part, comme accrochée à une colline donnant sur des voies ferrées. Des voies Ferré ? Cet immeuble du boulevard Pershing est aujourd'hui un couloir de bus qui longe l'actuel Palais des Congrès. Ils logeaient au numéro 28. Un Luna Park brillait à leur fenêtre. Un phare dans la nuit. Ces éclats de lumière servaient de trompe-l'œil à la Voie lactée.

On y accédait par un petit escalier en colimaçon. Dans la cour désolée, entre les tables d'un bistrotier et l'arrière-boutique d'un horloger, du linge pendait misérablement à un fil de fer détendu. À l'étage, la vue donnait sur des toits de tuiles et de goudron ondulé. Une place était même réservée pour la Jaguar qui arriverait bientôt, avec les droits d'auteur — conséquents — de *Paris canaille*. Catherine Sauvage, la Grande Catherine, la chance avait sa voix. Tout ce qui est beau est gratuit, comme la Voie lactée. Mais lui ? « Quand je croise des putains, elles ne me font pas l'article ; elles savent que je fais le même métier qu'elles. » Au petit matin, quand Léo rentrait de sa tournée des cabarets, les dames ne manquaient jamais de le héler. « Alors, comme ça, on se prostitue, Ferré ?! » La misère guettait Léo.

Bientôt, pour le frisson maudit qu'il pouvait délivrer, les plus belles interprètes empruntèrent le petit escalier du boulevard Pershing. Après Catherine Sauvage, il y eut Francesca Solleville, goûtant les premiers Aragon en primeur, puis Juliette Gréco. La chanteuse s'y revoit, grimpant les marches. Rien à voir avec cette voix jadis découverte dans une boîte à chansons de la rue Saint-Dominique, quelle ampleur avait-elle prise ! Léo était devenu une référence pour la rive Gauche. Les rapports s'étaient inversés. Il pouvait faire appeler. Et bien qu'elle fût Juliette Gréco, possédant, rue de Verneuil, un dressing qui pût contenir à lui seul tout le Petit Pershing, elle avait accepté de traverser Paris, voire d'affronter la présence tant redoutée de Madeleine, parce qu'un petit bijou l'y attendait. Elle se trompait rarement sur ce genre de choses. Après le fil à linge détendu, les toits de tuiles et de goudron et la Jaguar maintenant bien garée, elle avait pénétré dans un monde qui ressemblait étrangement au ventre d'une mère.

Éclairé de veilleuses d'enfant, le couloir du Petit Pershing était tout de rouge tapissé. Quelques esquisses de Gabriel Terbots égayaient les murs. Tout au bout, dans la chambre du couple, deux chiens blancs étaient étendus sur un lit. Cette maison de poupée paraissait irréaliste. Les WC se trouvaient dans la cuisine. Cocasse mais pratique : on pouvait faire pipi en faisant la vaisselle ! Et pour obtenir davantage de lumière, il suffisait d'ouvrir la porte du réfrigérateur.

L'essentiel résidait non pas là, mais dans le salon, où défilaient les chanteuses sous la vigilance jalouse de Madeleine qui, en cas de minauderies excessives, n'hésitait pas à sortir les griffes. Sur le piano trônait un buste de Beethoven, le même qui le suivrait toute sa vie. Léo s'y installa et plaqua les premiers accords d'une chanson qui sonnait déjà comme un classique. Juliette Gréco écoutait. Voilà, je te la donne, ça s'appelle *Jolie môme*, déclara Léo après l'avoir jouée. Mais pendant qu'il chantait, Juliette s'était laissé distraire par la vue d'un animal, un singe vêtu comme un petit mousse avec sa vareuse à col marin, qui restait là, au pied du piano. Pépée se tenait là. Parfois, la discussion s'interrompait. Viens ici, sois sage, lui intimait « Papa ». Sa « fille » se montrait très docile, en culotte, bien propre, pour que, naturellement, tout ne soit pas souillé.

La crédulité l'avait emporté. Comme tant d'autres du spectacle, ces purs esprits s'étaient plu à penser que tout se domestique, même les animaux exotiques. La mode était aux grands fauves. Paris devenait une véritable ménagerie. Des guépards évoluaient sous les dorures d'appartements haussmanniens. Le gotha y cultivait sa fantaisie. Des chimpanzés étaient acheminés par bateau, en containers, depuis l'Afrique. On parlait de la filière de Djibouti. Mais, contrairement aux gorilles, les chimpanzés ne se domptent pas. Ils ne restent pas longtemps chatons. Dans les cirques, on se méfie plus d'eux que des lions. Leurs réactions sont imprévisibles. En grandissant, ils s'avèrent d'une présence affective aussi encombrante que leur force peut se montrer dangereuse, sept fois, dit-on, celle de l'homme. Des instincts de tueur se développent, l'agressivité découlant de la jalousie, la possessivité. Comment leur en vouloir ? Ils sont à l'image de l'homme, nos plus proches ancêtres. Pour l'heure, Pépée était un bébé. Sur l'île du Guesclin, les visiteurs s'attendrissaient de sa présence. Elle y évoluait à sa guise. Une vie se dessinait, bohème, avec ce drôle d'animal en guise d'enfant.

Léo avait tant rêvé de posséder une île qu'il ne put résister à l'envie lorsque la providence frappa à sa porte. En 1959, il sort d'un magasin de musique à Paris, rue de Lisbonne. Il vient de s'acheter un piano. En face se trouve une agence immobilière. Il entre. Bonjour, vous n'auriez pas une île à vendre ? Les îles étaient à la mode. L'agent parla d'un ancien fort juché sur un îlot dans la baie de Saint-Malo. L'île du Guesclin avait été bâtie au XIIe siècle par le frère d'un archevêque à Cancale. L'ecclésiastique tout-puissant avait offert à son frère, bâtard de sang, la paroisse de Saint-Coulomb en lot de consolation. Le dénommé Salomon, ancêtre de la famille du Guesclin, y construisit un château fort. Quatre tours d'angle le long d'une enceinte carrée en dessous de laquelle se trouvait une seconde rangée de remparts protégeant des assaillants. Les Anglais l'habitèrent. Puis, quelques siècles plus tard, Vauban rasa le tout pour y ériger un fort équipé de canons et d'une caserne à poudrière. La végétation avait encore poussé, curieusement sur la roche, lorsque les Allemands l'occupèrent durant la Seconde Guerre mondiale. Ils découvrirent un court de tennis qu'un précédent propriétaire avait aménagé durant les Années folles sur la partie arrière supérieure du rocher. Où les balles perdues allaient-elles ? Dans la mer ? Les courants ne pardonnent pas dans cette partie de l'île.

Léo la voulut. Elle leur offrirait un point d'ancrage entre Cancale et Saint-Malo. Madeleine avait tant aimé la Bretagne de sa jeunesse qu'elle l'avait fait découvrir à son Méridional de mari. Ils avaient d'abord campé. Puis, un été, en 1957, ils avaient loué l'aile d'un château qu'un juge d'instruction avait mise à leur disposition à Trégastel-Ploumanac'h, dans les Côtes-d'Armor. Tout en granit rose, comme la côte du même nom, le château de Costaérès, dans un style médiéviste rococo, dominait. Il s'agissait d'un îlot, accessible à marée basse. Le château possédant un piano, Léo accepta de renoncer au chalet des Alpes où, jusque-là avec Madeleine, ils passaient leurs vacances. Lui qui ne connaissait que la Méditerranée avait adoré cette mer ouverte, déchaînée, qui se fait un shampoing deux fois par jour, à monter et à descendre ainsi bordée de mousse, laissant de puissants effluves dans son sillage. En Bretagne, les mêmes odeurs remontaient, quoique nettement plus étourdissantes, de son enfance à Monaco. La mémoire et la mère, un enfant de la mer. Un jour, une voisine de sa mère avait abandonné une culotte sur la plage. Léo l'avait reniflée, tant et tant. Odeurs de menthe. Son zizi s'était mis à trembler. D'autres fragrances l'attendaient au Guesclin. Mais rien n'est gratuit, encore moins pour les souvenirs. Léo emprunta.

Pour réunir les 17,5 millions d'anciens francs de l'île du Guesclin, il dut vider son compte en banque, 3 millions d'anciens francs. Puis, la Sacem lui prêta 5 millions. Enfin, Léo céda pour 9 millions les droits sur cent cinquante-neuf chansons à un éditeur, Méridian. On y trouvait des titres composés avec René Baer, Pierre Seghers, Jean-Roger Caussimon ainsi que des Rutebeuf, Rimbaud, Verlaine, Aragon, Baudelaire, Ronsard, les poètes que Léo mettait en musique. Une quarantaine de titres entièrement de lui complétèrent le lot. Puisqu'il manquait encore des chansons, Léo coucha en urgence des titres sur un coin de table. Le compte y était. L'acte put être signé le 20 avril 1960 chez maître Serrand à Cancale. Afin de se prémunir d'un délestage complet du fisc, Léo créa avec Madeleine et leur ami Maurice Frot une SCI à Monaco. Ce ne sera pas aux impôts que l'artiste sera le plus redevable. En décidant d'associer une œuvre à un lieu, Léo se retrouvera à devoir rembourser à jamais son crédit... Seule consolation : sur la liste ne figurait pas *Les chants de la fureur*, ce long poème épique qui lui inspirera au moins sept chansons, dont *La mémoire et la mer.*

Léo découvrit l'île en venant des terres. La départementale qui longe aujourd'hui le littoral n'existait pas. Situé à une cinquantaine de mètres du rivage, le fort du Guesclin est accessible à marée basse. C'est une presqu'île. Aujourd'hui encore, des vacanciers s'aventurent sur son rocher pour s'y faire dorer. Ils se postent devant ses grilles, craignant à peine les gros chiens jaunes qui rôdent sur les remparts. Léo s'avança sur la plage et s'agenouilla. Le crépuscule s'épanouissait sous ses yeux... Il l'abordait sous son jour le plus clément.

À marée haute, par gros temps, pins maritimes battus par les vents, l'île du Guesclin devient l'île Noire, monstre des mers surgissant en contrebas depuis le dernier virage de la D 201 qui serpente en hauteur le long de cette côte sauvage. En même temps que la départementale, un remblai a été aménagé. Ces dunes artificielles protègent le rivage des marées. Le sable provient de la plage. Un grand trou a été creusé, provoquant un dénivelé. De cette digue renforcée de béton, l'île s'évalue à hauteur de regard. La perspective s'inverse à mesure que l'on plonge dans la langue de sable. À chaque foulée, l'île domine davantage, jusqu'à devenir intimidante, comme au pied d'un autel, fleur minérale impétueuse défiant le temps des hommes. Ce temps qui nous dépasse et qui devait contenir son œuvre...

Dès qu'il en prit possession, Léo fit comme à son habitude : il repeignit le tout. Huit chambres se présentaient à l'étage comme des cabines de bateau avec leur plafond en forme de coquille de noix et leurs poutres équipées de crochets en tire-bouchon pour accrocher le bastingage des marins. Chaque pièce eut droit à sa couleur : rose parme, rouge sang, jaune soleil... Des teintes pétantes, toujours. On les découvre en grattant la peinture blanche qui recouvre désormais les murs de ces pièces se faisant face en alignement. Même la chambre de l'Empereur, dans le bâtiment connexe, a été repeinte. Malgré la vue qu'elle offre sur la plage, ce n'est pas la pièce la plus importante. Le refuge de Léo, c'était la pièce de musique. On aurait dit un salon anglais, couleur bois à l'exception du plafond à poutres repeint rouge cerise. Aujourd'hui, tout est blanc, comme l'épais tapis à poils longs qui recouvre le parquet en chêne. Léo y fit installer un piano demi-queue de concert Steinway. Une baie vitrée ouvrait sur une vue panoramique d'une splendeur inégalée. La mer se fracassait en rouleaux sur une côte semblant découpée au ciseau.

Il est arrivé à Pierre Kosciusko-Morizet, le fondateur de PriceMinister, l'enseigne qui achète et revend tout en ligne, de survoler l'île pour entrevoir un bout de cette fameuse pièce à musique. Un coup de fil passé du ciel, façon pour le milliardaire aux dents de lait de se rappeler au bon souvenir de l'actuel propriétaire de l'île. Les assaillants n'empruntent plus les mers... Le frère de l'ancienne ministre l'a formulé à plusieurs reprises déjà : il rêve d'acheter l'île de Léo Ferré. Tout le monde tente d'acquérir un bout d'histoire. Un éclat du mur de Berlin se vend avec un disque des Pink Floyd. Le visage en friche de l'ancien rebelle Keith Richards s'affiche sur une publicité pour le plus puissant groupe de luxe au monde. Gorbatchev s'en trouve pareillement converti aux charmes du capitalisme. L'île n'est pourtant pas à vendre, pas plus sur PriceMinister qu'à d'autres financiers cherchant à se racheter une crédibilité par voie d'OPA sur un artiste. L'actuel propriétaire du Guesclin préfère y brûler ses dernières cartouches que de s'en séparer, de cette pièce en particulier où Léo composa, endetté, baigné de lumière, devant cette mer jamais étale.

Madeleine décora l'île à son goût. D'après les propriétaires actuels, qui investirent les lieux trois ans après la mort de Madeleine puis celle de Léo, le mobilier était d'une tonalité assez moderne, un chic années 1960. Le sol était recouvert d'une moquette. Elle dut être enlevée : elle empestait le pipi. Pépée manifestait encore sa présence... Peu ou prou, Léo et Madeleine vivaient comme aujourd'hui. Sortant lorsque la mer s'ouvrait et rentrant à la hâte lorsque ses bras se refermaient, ils s'éclairaient à la bougie et avec des lampes à pétrole. Ils cuisinaient et se chauffaient au gaz. Un petit groupe électrogène tentera, plus tard, de fournir son énergie. Mais ce ne sera pas suffisant. À son arrivée, le nouveau propriétaire installera douze panneaux solaires permettant d'éclairer, de chauffer et d'actionner la pompe à eau pour la douche et les éviers. Naguère, on s'aspergeait d'un jet fin. Deux immenses citernes stockaient l'eau de pluie.

Les hivers y étaient rudes. Dès que la saison le permettait, Madeleine et Léo se rendaient au Guesclin. Paul Guimard et Benoîte Groult, leurs amis écrivains, possédaient également une maison en Bretagne. Ils leur rendaient visite, tout comme les artistes et intellectuels qui constituaient leur cercle d'amis. On y croisait Catherine Sauvage, l'accordéoniste Jean Cardon, le photographe Hubert Grooteclaes et son épouse Ninette, la fille de Madeleine encore lycéenne, Maurice Frot... Un jour, on l'appela. Il lui fallait rappliquer fissa depuis Paris avant la montée de la marée. Huit heures de voiture plus tard, Maurice découvrait, posée entre deux chandeliers, sur la longue table en bois de la cuisine, la préface que Léo venait d'achever du premier roman de Maurice Frot, *Le roi des rats*. Sprints gagnés sur l'écume, rigolade en barque, virées dans les frimas... Maurice comme les autres a connu les soupers à la bougie, les réveils tonitruants de Madeleine à trois heures du matin pour aller pêcher, les tours de barque le long de la côte, à quelques regards de la maison de Colette, les déjeuners à l'ombre des remparts. La chaleur y augmente en été, on s'y dévêt vite.

La vie était joyeuse. Le temps n'avait plus cours. Des collections de *Paris-Match*, aujourd'hui empilés dans une chambre du fort, témoignent d'une époque où René Coty présidait aux destinées de la France, où Alain Delon et Romy Schneider étaient amoureux, où Abel Gance tournait encore des films. Léo élaborait ses premiers grands projets d'interprète : les chansons d'Aragon, extraites du *Roman inachevé* et d'*Elsa*. Au Guesclin, Madeleine écrivit au président de la maison de disques Le Chant du monde, qui refusa l'idée. Elle s'adressa donc à Barclay, qui accueillit le grand œuvre.

Dans ce décor, Pépée, toujours, attendrissait. On s'émerveillait des joies de l'animal. Puis, un jour, elle mesura 1,50 mètre. Elle possédait désormais la force de sept hommes. Paul Guimard, qui s'aidait d'une canne pour marcher, se vit fauché. L'écrivain commença à se méfier du singe. Puis Ninette, la femme de Grooteclaes, vint sur l'île avec sa fille Marianne. C'était en 1961. Pépée pénétra dans la chambre où se trouvait le tout petit enfant. Pépée le prit dans ses bras. Ce n'était pas méchant. Pourtant, dès qu'il découvrit la scène, Léo reprit le nourrisson, le rendit à sa mère et conseilla à Ninette d'aller dormir à Cancale. Tu ne peux plus rester sur l'île, lui dit-il. Ici, c'était la maison de Pépée. Deux enfants ne pouvaient y tenir.

Pépée fuguait, même au Guesclin.

Pour le petit peuple de Saint-Coulomb, la fantaisie de cet homme qui vivait avec des singes constituait une particularité locale. Parfois on le croisait à Saint-Coulomb, chez le quincaillier, où il s'approvisionnait en bonbonnes de gaz. Il les portait à bout de bras, s'esquintant le dos sur les 50 mètres de plage, puis sur la trentaine de marches creusées à même la roche, avant de franchir la lourde porte en bois donnant sur la petite allée de graviers, qui conduit maintenant à la cuisine. Sa porte vitrée blanche permettait d'accéder à l'un des deux corps de bâtiment du fort, qu'un dédale de couloirs et d'escaliers relie entre eux.

Pour les Colombanais, l'irruption subite de Pépée, quoique affectueuse, pouvait s'avérer embarrassante. Malgré sa petite taille, elle avait de l'abattage. Il vous suffisait de vous retrouver dans ses bras pour l'éprouver. En guise de salut ? De grands coups de langue. Alors, pour s'assurer l'indulgence des autochtones, Léo paya. Pour les locaux, cela finit même par devenir une source de revenus subsidiaire. Les coups de langue de l'animal valaient de l'or. On les provoqua. On fit la queue pour un bisou. On plaisanta moins lorsque, les servantes ayant déserté le fort, probablement en raison d'un ras-le-bol justifié, la guenon s'aventura sur la plage. On la vit s'approcher d'un landau. Souhaitait-elle ramener un bébé au fort ? On préféra ne pas savoir... On installa une cage. Tout en arceaux métalliques d'un demi-pouce de largeur, elle plantait ses griffes dans les remparts pour rejoindre les murs extérieurs du corps de bâtiment principal. De la sorte, on pouvait y pénétrer par la petite porte vitrée de la cuisine. Pépée y évoluait dans une liberté relative. Parfois, au grand étonnement de Paul Guimard, Léo s'y réfugiait pour écrire. Sous l'œil du chimpanzé, il travaillait à son roman autobiographique *Benoît Misère.*

La cage a été démontée. Après avoir dû abattre les deux pins au centre de l'enceinte métallique, abîmés par le frottement des tiges dû aux balancements de l'animal, les nouveaux propriétaires du Guesclin y ont construit une terrasse surélevée. On voit enfin la mer... La cage repose en morceaux parmi les gravats, sous la terrasse. Seul demeure un bout transformé en grille de barbecue. Tout se recycle sur une île. Même les souvenirs. Cela coûte moins cher à stocker qu'à évacuer.

Même au Guesclin, Pépée fuguait.

En 1962, à la faveur d'un concert à Saint-Céré, ils avaient découvert la région du Lot. Ils avaient aimé. La douceur du Sud-Ouest, son foie gras, ses truffes grosses comme des poings, ses fraises des bois, ses variétés incroyables de champignons mais surtout son calme et son isolement les convainquirent qu'ils tenaient là un cadre propice à la création. Serge Arnoux, un ami peintre habitant le coin, leur parla d'une ruine qu'une Suissesse essayait de vendre. Situé sur la commune de Saint-Clair, à 7 kilomètres de Gourdon, il s'agissait d'un château du XIIIe, du XIVe ou du XVe siècle. On n'a jamais vraiment su. Qu'importe... Avec ses 50 hectares de terrain cernés par une forêt de hêtres, de chênes et de bouleaux, ce château, serti de quatre tours médiévales, garantissait de ne plus se faire emmerder. Le Petit Pershing devenait étriqué. À Nonancourt, des problèmes se posaient avec les chiens du voisinage. Au Guesclin, Pépée fuguait. Là, elle évoluerait à son aise. Pour elle, une vision rousseauiste se forgea au prétexte d'une vie d'artiste. Déjà, le nom suffisait à la légende. Pech-Rigal, ainsi désignait-on autrefois le tertre royal où se retiraient les seigneurs locaux. Il y avait tant à faire, tant à écrire, tant à créer depuis le succès remporté avec *Les chansons d'Aragon*, en 1960.

Ils empruntèrent la départementale D 17 à Saint-Chamarand et bifurquèrent. Ombres tachetées sous les frondaisons, une petite route, comme un chemin de terre, les conduisit à ce secret jalousement gardé. Seul le point le plus élevé de Gourdon permettait d'en apercevoir les toits. Quelques dizaines de mètres après la mairie timbre-poste de Saint-Clair, ils tournèrent à droite, virage en épingle, légère pente, route domaniale. Rien à voir avec le brouhaha des grottes de Rocamadour ou de Sarlat, ici régnait un silence de cathédrale. Selon cette habitude qu'il avait de renommer et les êtres et les choses, Léo décréta que le château se nommerait Perdrigal. Et ils posèrent leurs valises en 1963. La voiture, équipée d'une grille à barreaux, permettait d'effectuer quelques déplacements en Bretagne. Rapidement pourtant, Perdrigal devint la résidence principale des Ferré. D'une certaine façon, cela ressemblait à l'île du Guesclin. Tout comme l'île pouvait, avec ses remparts, encerclés par les mers, évoquer l'île du Docteur Moreau, le château de Perdrigal, dans son décor de conte lugubre, rappelait la demeure inquiétante d'une vieille légende des Carpates. *Et sitôt qu'ils eurent franchi le pont, les fantômes vinrent à sa rencontre*... Pourquoi habiter d'aussi funestes décors ?

Perdrigal était bien gardé. Il ne s'agissait pas comme aujourd'hui d'un œil électronique éblouissant de son flash le visage des intrépides. Les panneaux posés par le nouveau propriétaire des lieux, un riche entrepreneur breton-américain cajolant depuis la Floride son lot d'histoire acquis en 2004, n'existaient pas non plus. Alors que de la route on n'aperçoit que des arbres, longs hêtres filiformes semblant vouloir chatouiller les orteils de Dieu, un premier écriteau prévient : « Château de Pechrigal. Propriété privée. Défense d'entrer. Si vous êtes amis, parents, invités ou attendus, sonnez, entrez et soyez les bienvenus. Sinon, passez votre chemin. Souriez, vous êtes filmés. Private property — No Tresspassing. » L'avertissement se répète à la deuxième entrée protégée d'un portail à pointes de herse — la première, celle qu'empruntait Léo, a été condamnée. À l'époque du chanteur, un légionnaire à la retraite se chargeait d'éloigner les curieux. Il fallait montrer patte blanche. Ainsi, peu se sont rendus au refuge qui allait signer la perte du couple Ferré.

Le photographe Hubert Grooteclaes fit le voyage. C'était un fidèle. Léo et lui s'étaient rencontrés en 1959 dans un bal d'étudiants en droit au Palais des Congrès de Liège. Léo y donnait un concert. Le photographe s'était fait une réputation de portraitiste. De Romy Schneider à Louis de Funès en passant par le roi Baudoin lors de ses fiançailles avec la future reine Fabiola, tous avaient fixé son objectif. Le visage de Léo l'avait toujours fasciné. Hubert Grooteclaes se rendit au Palais des Congrès avec son appareil. Quelques jours plus tard, il s'invita au Petit Pershing avec ses clichés. À partir de ce jour, il fut le photographe attitré de Léo Ferré. Il ne se cantonnait d'ailleurs pas à ce rôle. Il était également un apôtre, un des premiers. Au contact de Léo, l'homme s'est littéralement transformé. Jusque-là, c'était un être timide, réservé, renfermé. Avec Léo, soudain, tout s'est ouvert. Il s'est épanoui. Déployé. Déplié. On ne le reconnaissait plus. Il aimait Léo. Son travail en bénéficiait. Sa famille en souffrait. Léo comptait autant que sa femme et ses trois filles. Toutes avaient dû faire une place à ce nouvel ami. Un maître à penser. D'ailleurs, Hubert Grooteclaes est mort avec lui. Avec son image. À l'automne 1994, le photographe revenait d'une émission de radio où il avait évoqué la mémoire du chanteur, parti un an auparavant. La discussion avec les fans venait de s'interrompre lorsqu'il a glissé la clé dans la serrure de sa maison. Il s'est écroulé sur le pas de sa porte. Il est mort. Il n'est jamais rentré chez lui.

Hubert Grooteclaes a mitraillé un monde irréel, qu'il repeignait au pastel à peine les tirages sortis du bain révélateur. Dans sa maison d'architecte sixties à la périphérie de Liège, sa veuve a conservé tous ces tirages, qu'elle archive dans de grands classeurs noirs. Elle sort une photo prise au Guesclin. On y voit Léo affrontant le crachin. La photo a orné une pochette de disque. Il est beau. Ninette Grooteclaes dévoile d'autres tirages.

Léo à Perdrigal, poussant, cigarette en bouche, un landau avec un chimpanzé au milieu des herbes sauvages : la photo est également connue. Sur une autre, Pépée pose, un air bravache, clope au bec. On l'y voit juchée sur les épaules de « Papa », qui lève les yeux au ciel, vers elle, plein d'une tendre complicité. L'homme se révèle là une petite chose inquiète, prêt à parer les coups. Pépée domine, indubitablement, photogénique en diable, regard planté droit vers l'objectif. L'artiste, c'est elle. Comment dès lors distinguer l'homme de la bête ? Il suffit de suivre le mouvement de haut en bas. L'homme est celui qui se trouve en dessous du singe. Depuis Darwin, on n'a pas trouvé meilleure explication...

Il est une photo que n'a pas prise Hubert Grooteclaes : celle de la transformation ultime de Pépée en Ferré. Pépée Ferré. La scène se déroule dans la pièce à musique du château, la seule dotée d'une clé, modèle de serrure cylindrique à goupille Yale, fermée pour épargner le matériel, les notes et le piano, des débordements de l'animal. Léo se trouve avec des amis quand soudain un son leur parvient. Ils se regardent, interloqués. Qui cela peut-il être, si Léo est avec nous ? Le groupe se rend dans la pièce à musique et découvre la scène : le chimpanzé a chaussé les lunettes de

Léo et ouvert le paquet de Celtique. Tirant sur une cigarette, il bombarde le piano d'accords dissonants. Pépée en Ferré, l'élève surpasse le maître. Elle l'avait tant vu faire, témoin privilégié de sa création en cours. Il ne lui manquait que la parole.

Tous les matins, Léo travaillait à son piano. Sur le coup de dix heures, lesté d'une serviette à documents, il partait dans les bois avec Pépée. Elle, Chita de velours, rodait ses numéros de voltige dans les arbres, tandis que son Tarzan se vidait d'un jet sur son tapis de mousse. Ça sortait très vite. Il écrivait dans le doux balancement d'un rocking-chair, fauteuil de roi nègre qui devait bien aider à la chose puisque Barbara possédait le même. Enfin, sur le coup de midi trente, une grosse cloche sonnait, à l'autre extrémité du domaine. C'était Madeleine qui prévenait. Le déjeuner était prêt. On revenait alors au château en prenant bien garde qu'aucun animal ne se trouvât en travers du chemin. Pépée coupait les têtes qui dépassaient. Toutes. Son couvert était dressé.

Aujourd'hui était comme hier et serait comme demain. Il composait. Ils s'aimaient. Ils s'aimaient avec Pépée. Dès qu'ils s'absentaient, pour un concert ou un enregistrement, Léo ne manquait pas d'appeler à Perdrigal. Rue du Havre, chez ses amis, les Groult et Guimard, il répétait dans le combiné : Pépée, c'est Papa. Pour réponse, la guenon ânonnait un borborygme. Après le coup de téléphone, Léo se mettait au piano et chantait ses dernières trouvailles composées sous l'œil de Pépée, dont Madeleine, assise à ses pieds, lui soufflait les paroles. Elle les connaissait déjà par cœur. L'image idyllique du couple ne s'imposait jamais mieux que dans ces moments. Superbe. Cinquante ans après, les témoins continuent d'y voir ce qu'ils veulent de l'amour.

Le temps passa. Pépée grandissait. Le couple se désagrégeait lentement, comme les mailles d'un chandail se détendent. On ne s'en aperçoit pas. Tout ce qui peut séparer les éloignait de jour en jour, l'isolement, l'attention que requiert un tel animal, l'intendance, les tâches ménagères. Oh, bien sûr, Pépée se blotissait encore dans leurs bras, leur procurant des instants de félicité qui les comblaient. « Nous avons les mêmes problèmes, les mêmes amours, écrit Madeleine. Le bonheur, c'est quand elle te touche, quand elle t'embrasse, et le bonheur quand tu la regardes faire avec moi... dans tes yeux, la lumière du bon-vivre, pour elle qui est devenue Nous. »

Perdrigal était son territoire. Son passage laissait une trace. On la reconnaissait de loin au bruit qu'elle faisait. Pépée. Sous ses pattes, Perdrigal semblait une maison détuilée, un château malheureux, une vieille masure qui prenait l'eau : toiture saccagée, gouttières démantibulées, fils électriques arrachés, en plus des éviers qu'elle bouchait. Les coups de feu tirés au revolver, toujours à portée de main, ne la raisonnaient pas (on imagine plutôt l'effet contraire). Elle grimpait sur les tables, sur les toits, pissait, chiait partout. Elle n'écoutait guère que Léo. Que pouvait-il faire cependant ? Le dresseur, à l'Alhambra, l'avait prévenu : « Faites attention ! Très vite, si c'est pas vous le patron, c'est elle. » Il s'était laissé déborder. C'était une reine. Sa reine. Il l'aimait plus que tout. Pépée était l'enfant qu'on n'avait pas su lui donner. Il l'avait adoptée, elle plutôt qu'un enfant justement, parce que les enfants, un jour ou l'autre, peuvent se défendre. Ce sont des fils d'hommes. Les hommes font des lois pour protéger les hommes. Pas les animaux. C'est ce qu'il disait. Alors, il s'était fait une loi, la sienne, une loi d'amour, pour protéger les animaux qu'il recueillait sur son chemin. Il en savait pourtant les désagréments, l'accaparement, l'impossibilité même de se laver ou de se raser du fait des obligations que sa présence occasionnait.

Ceux qui tentèrent de s'interposer entre l'homme et l'animal en furent pour leurs frais. Un jour, au Guesclin, alors que Pépée était toute petite, un ami très proche de Léo, jugeant qu'elle ne savait pas se tenir, tenta de lui infliger une correction. Léo ne pardonna pas ce geste. Il ne revit jamais son ami. Même dans la famille de Léo, Pépée faisait des vagues. En 1962, Marie-José, la nièce de Léo, s'apprêtait à célébrer sa première communion. Pépée avait deux ans et demi. Léo pensait venir avec elle dans l'Allier, chez sa sœur Lucienne. La mère de Marie-José téléphona. Non, Léo, lui dit-elle, la vedette c'est Marie-José, pas le singe.

Si c'est comme ça... Il a raccroché et il n'est pas venu.

Qui peut rivaliser avec une reine ?

Maintenant, Pépée pouvait se défendre. Dans la grande ménagerie qu'était devenu Perdrigal, chiens et chats en étaient les malheureux témoins. Ils se gardaient bien de s'aventurer en sa présence afin de se sustenter au grand faitout préparé par Madeleine pour tous les animaux de passage ou recueillis. Chacun guettait les absences de Pépée, ou veillait à ce qu'elle se soit endormie. Eux aussi mesuraient sa force. Avec Pépée, il était vite fait de se retrouver dans le décor. Plusieurs chiens en avaient fait l'amère expérience, déchiquetés par l'animal. Pépée trônait au milieu d'une arche de Noé. Personne ne lui tenait tête, ni le chien Golaud, ni Misère (un chien à trois pattes depuis que Pépée s'était amusée à le faire tournoyer en l'air par une patte), ni Black, ni Yvan le Terrible, un des quarante chats du château, encore moins le cochon Baba, les brebis, ânes ou vaches de Perdrigal. Les humains non plus ne s'y risquaient pas.

À l'occasion de vacances, Hubert Grooteclaes et Ninette étaient venus à Perdrigal, sans leurs enfants. Hubert était parti chercher Léo dans les bois. Ninette attendait dans la cuisine. Pépée avait devancé Hubert et Léo sur le chemin du retour. Par précaution, Madeleine commençait à bloquer toutes les issues. Le singe parvint à surgir par l'embrasure de la porte. Dès qu'elle vit Ninette, Pépée bondit sur la table de la cuisine. Elle rejoignit la porte, feignant de sortir, avant de se raviser. Elle fit alors demi-tour, se propulsa de nouveau sur la table et toisa Ninette. Rivalité féminine. La jeune femme était cramoisie de peur. Pépée, pourtant, l'embrassa et la serra très fort dans ses bras. Elle sauta à terre et s'abaissa à ses pieds. Elle délaça une de ses chaussures et commença à mordiller son pied nu, un orteil, pas pour faire mal, non, juste pour le plaisir de grignoter. Hubert et Léo apparurent sur le seuil de la porte. Sors-moi de là ! Tout de suite ! Je ne peux plus marcher ! La jeune femme criait, terrorisée. On la transporta dans une tour du château. Durant quatre jours, elle n'en bougea plus. Elle resta cloîtrée. On la nourrissait à l'heure des repas. Elle ne sortait que le soir, une fois Pépée couchée. Il fallait pouvoir être avec Pépée, en avoir la force, le courage et l'envie.

Les hivers s'enchaînaient dans l'humidité perçante des sous-bois. Le printemps revint puis l'été. En juin 1967, à l'occasion de la fête de la Saint-Jean, un cirque marqua une halte à Gourdon. Madeleine s'y rendit. Les animaux étaient devenus un combat, une folie, un lien d'amour. Le plaisir qu'ils s'octroyaient sur l'instant avec ces bêtes, croyant faire leur bien en les soustrayant à la maltraitance supposée de leurs propriétaires, n'était pas sans conséquence. Et alors? Madeleine repartit du cirque avec la promesse de nouveaux pensionnaires. Après qu'ils eurent payé, un gars du cirque les amena le lendemain dans une camionnette. Il y avait une guenon, trois petits chimpanzés, un couple de chimpanzés adultes et un ours brun. Léo s'insurgea. Pépée n'occupait-elle pas déjà assez leurs journées? Maurice Frot, l'ami du couple qui s'invitait plusieurs jours par mois à Perdrigal, se rangea de son avis. On ne pouvait accueillir tous les animaux délaissés. L'arche était déjà surpeuplée. Les animaux, il faut les laver, les nourrir, leur parler. Même s'il bénéficiait de l'aide d'un couple de fermiers, Léo était artiste, pas éleveur!

On procéda néanmoins aux présentations. Maintenue dans une caisse haute comme une table se tenait la guenon.

Ayant été maltraitée, elle se montrait asociale. Elle mordait. On lui attribua un prénom, Zaza. De toute manière, sa réclusion l'ayant contrainte à rester longtemps assise, elle ne pouvait pas se déplacer. Aux suivants ! On vit venir le couple de chimpanzés adultes. Dès que la femelle aperçut Pépée, elle lui sauta dessus. La jalousie se réveillait à chacune de ses œillades envers son « mari ». Le mâle entreprit de défendre sa guenon. Pour calmer le jeu, Léo tira un coup de feu en l'air. Et, alors que les femelles s'écharpaient, le mâle saisit Léo à la cheville et le fit basculer en arrière. Il tomba à la renverse, sur le dos. On le transporta à l'hôpital, où il subit une batterie d'examens. Maurice Frot déserta les lieux. Madeleine se résolut à abandonner son projet. Et le couple de chimpanzés fut renvoyé, comme l'ours brun d'ailleurs. Quant aux trois petits chimpanzés et Zaza, ils furent maintenus à l'écart de Pépée, dans une maison de fermiers à l'autre extrémité du domaine, sur une petite colline. Pour Zaza, on fit construire une grande cage.

Il y eut bien encore des escapades, une tournée au Canada, quelques voyages à Paris, des concerts, des sessions d'enregistrement, mais les contraintes liées à Perdrigal obligeaient Madeleine à limiter sa présence au côté de Léo. À peine arrivé qu'il fallait déjà repartir. Les fêtes au château, aussi, devinrent plus rares. Pépée arrachait les robes des dames. Un autre de ses jeux consistait à jeter du toit des tuiles sur les invités. Louis Aragon et Elsa Triolet ne furent pas conviés dans le Lot. Qu'en aurait-il été si le singe avait fait tomber le poète de sa chaise ? Paul Guimard et Benoîte Groult non plus n'y passèrent pas. Le singe, toujours. La vie mondaine, menée jadis à Paris, devint un brumeux souvenir. Les week-ends chez Louise de Vilmorin à Verrières-le-Buisson... La compagne d'André Malraux cherchait toujours à voler un baiser à son « divin Léo », dès que Madeleine avait le dos tourné. On s'en amusait.

Cela paraît si loin. Madeleine ne sait plus. L'image de la femme aux yeux de panthère s'évanouit. Elle scrute chacune de ses veines, ses rides, ses mains, ses jambes. Ses quarante ans, elle les a fêtés ici, enfermée. Son mari ne lui fait plus l'amour. « J'attends, comme une maîtresse plaquée, la venue du printemps. Même s'il ne me regarde plus, je mets sur mes mains la crème Mixa suractivée, je vaporise ma gueule à l'eau d'Evian, tous les jours. Je n'attends plus que ce printemps. Quand les problèmes deviennent obsédants, je me chante, sur l'air de *Cadet Rousselle,* "À chaque jour suffit sa peine". J'atteins, dans une haute solitude, les performances de survie. » Quant au reste, les aventures qu'on prête à un artiste en tournée, elle préfère ne pas y penser. Il est trop tard. « Les femmes... ma porte est blindée, j'ai tout fait pour, j'ai payé le prix, y compris le Ronron des chats et je paie chaque jour la même chose. Si la bombe atomique vient, je sauterai avant... avant d'aller me consoler dans les bras des X and C°, avant d'aller me refaire une santé aux sports d'hiver, avant de considérer mes cheveux qui se barrent et mes yeux qui se défont, avant de supputer l'endroit précis des mâles qui déversent à la hauteur de nos cuisses... j'ai oublié », écrit-elle en 1967. Il ne lui reste plus qu'à se plaindre auprès de l'épaule amie.

— Eh, ton copain, il est impuissant ou il est devenu pédé ? demande-t-elle.

Que répondre à cela? Maurice Frot tente de faire tampon. D'année en année, il s'est imposé au sein du couple comme l'ami qui ressoude les liens. Il ne tient pas la chandelle, mais c'est tout comme. En 1956, cet ancien de la guerre d'Indochine était allé, sur les conseils de sa femme, sonner à la porte de Léo Ferré, boulevard Pershing. Parallèlement à un boulot de chef des ventes dans une usine de contreplaqué, il se piquait d'écrire. Un manuscrit l'avait accompagné. Léo l'avait lu et, aussi sec, d'un même enthousiasme encourageant à modifier le cours de l'existence, avait rendu son verdict : Bien sûr, t'es pas Rimbaud, mais là, t'arrête ton truc, là, ton job, les conneries, t'es écrivain et rien d'autre. En 1965, Maurice Frot put enfin être publié avec *Le roi des rats*, chez Gallimard.

Peu à peu, Maurice a tout plaqué, son travail, sa femme, ses deux enfants, pour rejoindre Léo. Saint Paul. Un nouvel apôtre. Il n'avait plus rien d'autre dans sa vie que Madeleine et Léo. Léo et Madeleine. Léo, surtout. Son dévouement exigeait une présence de tous les instants. Il se tenait en embuscade. Son insolence l'avait distingué des autres courtisans. Il distrayait, provoquant ce rire qui permet de s'abandonner, baisser la garde. Une sacrée grande gueule que celui-ci, une sorte de factotum comme on en trouve dans l'entourage des stars. Georges Brassens avait son René Fallet, Léo Ferré son Maurice Frot. Mais au lieu des contradictions, ses saillies masquaient une flatterie de garçon coiffeur. Madeleine, à Perdrigal, s'ouvrait à lui. Il l'écoutait, la calmait, la consolait. On leur a même prêté une aventure. Ses nuits pourtant, c'est à Léo qu'il les réservait, dans l'imprimerie-grange de Perdrigal, vieux rêve d'autonome se réveillant dans les vapeurs d'encre. Au cœur de cette jeunesse vécue à rebours, les secrets se partageaient. Pourquoi soudain Léo prenait-il soin de lui ? se rasait-il ? se pomponnait-il ? Tu as quelqu'un d'autre, Léo ? Sourire entendu.

Deux servantes officiaient à Perdrigal. Elles vivaient à demeure. Nicole servait, Marie-Christine, embauchée en 1963, à l'âge de seize ans, gardait les petits chimpanzés sur la colline. Engager deux jeunes filles en fleur auprès de ce couple en déshérence paraissait tout aussi inconscient que de faire entrer le loup dans la bergerie. Nicole semblait la plus jolie. Madeleine se méfiait de sa beauté. Malgré l'envie devant une telle jeunesse s'exposant sous ses yeux, les jeunes filles lui redonnaient de l'air. Auprès d'elles, Madeleine s'inventait un nouveau rôle, celui d'une mère maquerelle, patronne maternante, jamais avare en conseils bienveillants. Madeleine les chouchoutait, leur mitonnait de bons petits plats. Madeleine parlait, elles écoutaient. Leur regard ravivait la splendeur de ses années passées. Et malgré les portes qui claquaient, elle n'élevait jamais la voix contre elles. Aucun contrat ne les liait. Les rapports se maintenaient à un autre niveau : le besoin d'une présence en contrepartie d'un emploi.

Plusieurs fois par jour, Léo livrait les repas aux animaux sur la petite colline. La tâche lui incombait, jeu de navette avec le château effectué dans une camionnette. Il finit par s'attarder. Il aidait, il parlait. Marie-Christine écoutait. Qu'avaient-ils à se dire ? Elle, rien, c'était une taiseuse. Mais lui ? Un vrai moulin à paroles. Il en avait gros sur le cœur. Une vie de château ? Un enfer, oui. Submergé par les problèmes d'intendance, les questions d'ordre matériel, tuyauterie à réparer, facture à régler, traites de cette maudite imprimerie achetée à prix d'or en leasing, bêtes à soigner, sans compter les coups et les cris, il voyait, impuissant, son projet se désagréger. Faute de sérénité, sa musique, ses mots, ses idées, plus rien n'accrochait. L'utopie d'un îlot créatif s'était éloignée. Lui qui n'avait cessé toute sa vie durant de s'extraire du quotidien se voyait subitement rattrapé par des histoires de popote. Marie-Christine l'écoutait toujours. Où était Léo ? Forcément avec la petite Espagnole. Son écoute l'avait rendue indispensable. Et puis, elle ne le jugeait pas, elle ne finissait pas ses phrases, ne les remettait pas sans cesse sur le tapis. Il se plaignait, il recherchait le silence. Il ne demandait pas grand-chose, la paix, enfin, enfant de Dieu. Madeleine, pendant ce temps, se confiait au micro d'un magnétophone.

Ses forces se réduisaient. Pour distraire Madeleine, Léo avait pensé qu'une occupation artistique pourrait avoir des effets bénéfiques. Elle s'était tant vue artiste, lisant ses chansons qu'elle avait vues naître. Il lui proposa d'enregistrer ses confessions sous la forme d'un journal intime. Un magnétophone l'aiderait. La technologie l'avait toujours passionné. L'imprimerie de Perdrigal permettrait de publier son texte à compte d'auteur. Le livre soufflait déjà son titre, *Les mémoires d'un magnétophone.*

Elle enclencha le bouton *Record* de l'appareil et se confia. Comme une missive adressée à l'homme avec qui elle était entrée en codépendance, le récit évoluait sous la forme du tutoiement. *Les mémoires d'un magnétophone,* publié en 1967 aux éditions de Perdrigal, frappées du sceau du hibou Sosthène, restitue sur deux cent quinze pages imprimées en Times 14 les sursauts et les abîmes d'une mélancolie au long cours. « Emploi du temps du 9 janvier 1966 : un dimanche, seule, vaisselle, balayer la grande salle à manger, mettre la table... Là-haut, la chambre, le lit toujours à fond, Pépée dans le secteur, le lit doit toujours être fait à fond, la cuisine, etc. Les chats, Baba après... revaisselle, rebalayer, rechats, reBaba, revide-cendriers, recuisine... et on repart au Canada. Vite, quelques coups de brosse à mes cheveux trop fins, vite la liste des réserves Canigou, Ronron, rizette... et je pleure de quitter cet adorable martyre d'amour, et je pleure comme toute femme avant ses règles... Je suis dans ma prison et je peine à quitter tous ces êtres à qui je donne... à manger. »

Il se réfugiait dans les bois, elle buvait. L'alcool était né véritablement à Perdrigal. Cette année-là, en 1967, Lucienne, la sœur de Léo, se rendit à l'improviste à Perdrigal avec son mari et son fils Jacques. Tournant dans la région, ils s'étaient décidés à faire un crochet. Ils étaient parvenus à tromper la vigilance du légionnaire en faction. Depuis combien de temps n'avaient-ils pas vu Léo ? Dès l'entrée dans la propriété, un vent de folie les saisit. Madeleine se dirigea vers eux en hurlant. Qu'est-ce que vous foutez là ?! Vous n'avez pas vu les panneaux ?! Les Bergeron sortirent de la voiture.

Elle les reconnut. Léo fut appelé. Avec Madeleine, il procéda à une visite des lieux. Personne, dans la famille de Léo, ne s'était jamais rendu à Perdrigal, ni au Guesclin d'ailleurs. Les Bergeron aperçurent un cochon, Baba, sortant du château. Ils découvrirent un âne. Pépée, de ses poings, le soulevait. Madeleine pouvait gueuler, rien à faire. Un coup, puis deux de revolver, en vain. Lorsqu'ils arrivèrent à la cage de Zaza, Madeleine entra et embrassa goulûment la guenon, à pleine bouche ! Jacques, le neveu de Léo, observait la scène, fasciné. Il n'avait que dix-huit ans.

Madeleine et Léo proposèrent de rester. Lucienne et son mari déclinèrent l'invitation. Pure politesse, pensèrent-ils. Alors Léo salua et partit dans la forêt. Jacques était trop jeune pour comprendre la tension qui travaillait ce couple. Il ne possédait pas la maturité qu'il a aujourd'hui pour se rendre compte que l'échec était inéluctable. Ça ne pouvait durer. Mais c'était leur vie. Voilà ce qu'il se disait.

La petite famille se dirigea vers sa voiture. Pépée s'était collée dessus ; elle était noire de mouches. Entre-temps, le légionnaire était remonté au château. Si je vous avais vus, jamais je ne vous aurais laissés entrer ! admonesta-t-il. Le mari de Lucienne lui demanda : « Mais si nous vous avions dit "Bergeron" ? Je suis le beau-frère de Léo et voici sa sœur. — Non, j'ai ordre de ne laisser entrer personne, vous comme les autres ! »

Deux heures après être arrivés, ils repartaient. Ils se regardèrent et conclurent : Mais ils sont complètement fous !

Fin 1967, Madeleine effectua une croisière. Marie-Christine l'accompagnait. Ensemble, elles traversèrent l'Atlantique. Greenwich Village, Broadway, Harlem, Chinatown, la 5e Avenue... Madeleine s'attarda à New York. À son retour, elle parut toute ragaillardie. Ces dix jours l'avaient chavirée. Robes longues, faux cils, sur le bateau elle avait dansé avec de beaux garçons. L'un d'eux lui avait même chantonné à l'oreille « Il n'aurait fallu qu'un moment de plus pour que l'amour vienne ». Aragon, avec ou sans la musique de Léo, c'est toujours beau. Il s'y écrit que l'amour se fait dans la guerre. Enfin s'était entrouverte la porte de cet enfer qu'était Perdrigal. *Les mémoires d'un magnétophone* s'achève sur cette note.

Retour à Perdrigal. Le ciel d'hiver s'obscurcissait. Puis les jours rallongèrent. Un accident d'apparence bénigne survint alors, qui devait ranimer la tension au sein du couple. Au mois de mars 1968, Pépée jouait dans un arbre, un micocoulier. La branche plia et se brisa sous le poids de l'animal. En tombant, la guenon s'empala. Une écharde ouvrit une plaie. Un vétérinaire fut appelé. Il l'approcha. Pépée mordit si fort le médecin qu'il repartit la main en charpie. Elle lui avait mis sa danse. Il ne remettrait plus les pieds chez ces fous. C'est vrai, quoi ! Ils emmerdaient tout le monde avec leurs animaux ! On ne pouvait plus balader les chiens. Il fallait en finir ! Bien implanté, le vétérinaire se chargea de leur faire une publicité dans la région. Madeleine se résolut alors à soigner la blessure. Pour cautériser la plaie, elle glissait des Coton-Tige dans un bandage maintenu avec une brosse à dents. Souffrant le martyre, l'animal se montrait plus irascible encore.

Quelques jours plus tard, ils devaient prendre la route pour un concert à Elbeuf. La DS 21 bleu marine était prête. L'après-midi, on l'avait positionnée en haut d'une pente suivant le rituel établi à Perdrigal. On l'avait chargée, on s'était éloigné, on avait dîné. On avait commencé un film à la télé. Pépée avait donné le signal. Elle avait tiré la langue : au lit ! On était monté la coucher, dans la chambre sous les toits. Maintenant, elle dormait. On est alors retourné vers le véhicule. Il faisait nuit, comme toujours lorsqu'il fallait prendre la route... Léo attendait. Le printemps s'annonçait. Un vent léger soufflait dans les arbres. Une fraîche humidité remontait des sous-bois. Madeleine devait le rejoindre. Sa valise était prête. Cette route, bien évidemment, ils allaient la faire ensemble. Depuis qu'ils s'étaient rencontrés, dix-huit ans plus tôt, ô putain, deux cent dix-neuf mois depuis qu'elle avait débarqué dans sa vie comme un ouragan, rien pratiquement ne s'envisageait sans elle. Ils étaient liés, inextricablement.

Madeleine prend place sur la banquette arrière de la Citroën.

— Qu'est-ce qui te prend, Madeleine ?

— Ben, tu vois, je m'installe...

Elle joue, comme il arrivait à Pépée de mordiller un orteil.

— Tu t'installes, de quoi ?

— Allez, toi tais-toi et moi j'suis moi... Oups ! Roule... Conduis... Roule... T'es pas mon chauffeur ?

Elle rit mais elle a ses yeux de femme qui pleure. De grands cernes lui rongent le visage. Une journée d'alcool derrière elle, voilà qu'elle continue son cirque.

— Arrête, Madeleine, on n'a pas le temps...

— Pas le temps de... quoi ?!

— Arrête, Madeleine !

— Pas le temps de quoi ?!!!

— Tu arrêtes !

Léo sort de la voiture, en fait le tour, ouvre la portière arrière.

— Maintenant, ça suffit, tu montes devant !

— Devant ?! Sûrement pas !

— Alors, derrière non plus !

Et là, il attrape sa femme par le bras, dix-huit ans à tout partager, tours et détours, ratés et ratures, et la fait descendre du véhicule. Elle se laisse porter, corps mort, épuisé, titubant. Une écorce. Il referme la portière et reprend place au volant. Elle reste dehors, hébétée, incrédule, inutile. Il desserre le frein à main. Elle voit la voiture s'éloigner. Les roues crissent sur le gravier. En bas de la côte, il glisse la clé dans le démarreur. Les chevaux s'impatientaient sous le capot. Il passe la première, accélère. Elle n'entend rien. C'est son dernier contact physique avec Léo, la dernière fois qu'il l'a touchée, qu'elle a senti sa peau. Il l'a portée. Elle était ivre à cet instant crucial où elle sortait de sa vie à lui. En se retournant, rien n'est plus pareil. Soudain changement de décor. Pourtant, il n'a semblé s'être passé qu'une seconde. Elle tourne et tourne, lentement, sur elle-même. Plus un bruit. Plus de voiture. Plus de Léo. Plus rien. Seul le vent dans les arbres. A-t-elle rêvé ? Tout cela a-t-il jamais existé, l'amour qu'ils firent la première fois dans cet hôtel du Panthéon, Pépée qu'on tenait d'une main dans les herbes hautes de Perdrigal ou bien encore cet imperméable doublé de vison qu'il lui offrit dès qu'il put se le permettre ? Et cette engueulade, a-t-elle seulement eu lieu ?

Léo non plus ne se doute pas qu'il ne retrouvera ni sa femme, ni sa maison, ni son piano, ni ses livres de droit et de musique... Pépée... L'« enfant » dormait lorsqu'ils s'engueulèrent, lorsqu'il partit. Il ne fallait pas la réveiller. Au lieu d'élever le ton avec Madeleine, Léo s'était découvert un phrasé mécanique, comme une autre voix dans la sienne. Seul le clignement de ses yeux aurait pu trahir une émotion. Pour les gens qui boivent, dit-on, un verre réveille un litre. Pour les couples qui se déchirent, pareil, une tache sur une serviette et une bourrasque se lève. Entre eux, il y en avait eu beaucoup, et de forte amplitude. Alors, pourquoi celle-ci, en particulier ? Longtemps, ils devraient se raccrocher à cette engueulade. Ce serait leur ultime repère, leur date anniversaire. Et les noms d'oiseaux envoyés par voie de presse interposée n'y changeraient rien. C'était comme au théâtre quand le public continue d'entendre « oui » alors que les acteurs s'entêtent à dire « non ». Pourtant, cette dispute, rien ne pourrait la rattraper. Et quand bien même quelqu'un se fût trouvé là pour s'interposer, il se serait retrouvé bien impuissant. Entre eux, on se sentait toujours de trop. Ils s'envoyaient au visage des choses qu'on ne comprenait pas.

Ce jour-là, c'était le 22 mars 1968. À Nanterre, trois hommes, Daniel Cohn-Bendit, Pierre Sauvageot et Alain Geismar, avaient posé dans la journée les premières pierres d'un mouvement qui allait soulever la France entière. On parla du mouvement du 22-Mars. Les étudiants avaient bataillé. Mais Léo aussi ! Il s'était insurgé. Chez lui. Pour la première fois. Sans le savoir, il devenait leur quatrième homme, prêt à les rejoindre. Mai 68 était en marche. La jeunesse bouillonnait en lui. Sentiment nouveau. Il était en route, prêt à accueillir cette enfance recouvrée. Ce jour-là pourtant, il n'avait pas écouté la radio.

Le premier kilomètre fut le plus dur. S'il avait dû marcher, il aurait trébuché. Pour la première fois peut-être, il partait seul. Bien avant de songer à une nouvelle cigarette, il n'a fait qu'une chose : il n'a pas quitté des yeux le rétroviseur. Il craignait qu'elle ne le suive. Madeleine ne le suivait pas. Les kilomètres suivants l'ont confirmé, après Gourdon, Sarlat, Le Vigan, Peyrac et d'autres villes encore : il partait sans elle. À un moment, il a songé à faire demi-tour, mais déjà il était trop tard. Il ne pouvait plus revenir en arrière. Il s'était laissé surprendre par cette ivresse entêtante que guettent les gamins avant de faire une grosse bêtise.

Des femmes ont témoigné de l'effroi qu'elles avaient éprouvé en retournant, bien des années après, dans les appartements qu'elles avaient occupés avec Picasso. Le peintre les avait abandonnés comme elles, du jour au lendemain. Rien n'avait bougé durant toutes ces années. Seule la poussière s'était accumulée, mais leur vie avec l'Espagnol était là, dans le même désordre précipité. Léo, lui, n'en était pas là... Il était juste parti pour un concert. Cette perspective était la seule qui s'offrait à lui. Il se concentrait sur chaque panneau à l'entrée et à la sortie des villes. Demain était loin. La voix des sirènes le gagnait néanmoins. Cet homme qui n'avait jamais eu peur de la feuille blanche crut, un instant, que la vie pouvait se réinventer. Chaque kilomètre sédimentait ses folles pensées. Remettre les compteurs à zéro, partir comme on sort acheter des allumettes, décrocher, combien d'hommes en ont rêvé sans franchir le pas ? Mêlé à une colère exaltante, le goût de l'adrénaline l'avait surpris au premier coup d'accélérateur. La raison s'acharnait cependant à reprendre le dessus. On ne quitte pas vingt ans d'amour, vingt ans de construction commune, de vaches enragées en succès enfin entrevus, sur un coup de tête ! Non... et en même temps... comment est-ce la vie en dessous ? Est-ce long ? loin ? profond ? Il s'est posté au bord du précipice et a fermé les yeux.

Un kilomètre.

Elle lui octroyait un répit entre chien et loup, devant la campagne française qui défilait sous son ciel bistre, des arbres, des troncs et des feuilles, dont quelques esprits savants connaissent le nom... À chaque virage, c'étaient ses yeux à lui qu'il retrouvait dans le rétroviseur. Elle l'avait laissé partir. Il n'en revenait pas d'avoir lâché la main. Fallait-il qu'elle doute si peu de son ascendant pour le laisser ainsi seul ? Il était toujours revenu, il revenait toujours, il reviendrait forcément. C'est ce qu'elle se disait, c'est ce qu'elle croyait, du haut de ses cheveux en pétard. On ne part pas, on fait semblant. On pense au moins à oublier sa veste ou bien ses clés. On revient et on s'attarde. On baisse la voix et on s'arrache un pardon sur l'oreiller. Ce que Madeleine n'a pu comprendre sur le moment, c'est qu'en quittant Perdrigal, Léo s'enfuyait comme d'un pensionnat. Que les autres tentatives de départ avaient été des fugues avortées. Celle-ci serait la bonne. Qu'est-ce qui se trouvait au bout de cette route ? Il ne pouvait se le formuler, elle ne pouvait s'en douter. Malgré la passion qui les unissait, le rapprochement des corps et des esprits, la vie partagée durant tous ces jours, tous ces mois, toutes ces années, cette zone reléguée de Léo était trop intime. Madeleine ne pouvait l'atteindre. C'était trop loin, trop enfoui. L'accès lui était interdit. Léo, lui-même, se gardait bien de s'y aventurer. Ce no man's land menait au pays des morts, un territoire rejeté dans un repli de la conscience. On aurait dit son enfance.

Un autre kilomètre.

Il pestait. C'était comme sortir l'air des poumons après avoir trop longuement retenu sa respiration. Vivifiant. Il se faisait seul les questions et les réponses. Dans une parfaite mauvaise foi, il prolongeait le dialogue qui n'avait pas eu lieu avec Madeleine. Il l'habillait au crachat des invectives. Chaque goutte de fiel le délivrait de la distance à parcourir. Encore quelques kilomètres de gagnés. Il se trouvait enfin dans le présent de sa rupture, lui qui n'avait cessé de conjuguer le passé au futur antérieur. Soudain, il la détestait comme après ces concerts, lorsque dans l'ivresse des grandes tablées, elle ne s'appartenait plus, toute défaite des atours qu'elle s'était appliquée à revêtir au début de la journée. Le matin, elle était allée chez le coiffeur, puis chez la manucure, pour fixer ses apparitions dans un éclat fatal. Madeleine avait dépensé sans compter, sans oublier cependant cette touche finale qui résidait dans un léger négligé. Une mèche rebiquait toujours. Ses souliers, pour ses petits pieds menus qui l'avaient charmé, lui, au point d'en faire une chanson, *Ça t'va*, manquaient d'être lustrés. Le bon goût revenait chez elle à outrepasser les codes de la bienséance. Elle, une bourgeoise ? Plutôt crever, oui !

Encore un kilomètre.

La journée avait bien avancé. Dès le matin, elle avait attaqué au champagne, au rosé ou au vin blanc. Ses produits. Dans la loge, il y avait toujours une bouteille à portée de main, sur un appui de fenêtre. Elle avait bu sans s'en apercevoir, en devisant. Mais en direct s'opérait la métamorphose. À l'heure du souper, sous l'œil éberlué de Pierre Brasseur, Catherine Sauvage ou bien Bernard Dimey, qui trouvait toujours à se faire payer un coup à la sortie des spectacles, elle ôtait un à un ses faux cils, la barrette dans ses cheveux qui avait pourtant exigé tant d'ajustements. *In vino veritas.* Elle se montrait au naturel, tempérament généreux mais un brin anar, pétardière, une petite violente de banlieue, cependant très accueillante. À ces tablées qui se dressaient après Bobino, tout le monde buvait, sauf Léo, qui devait d'autant plus supporter les égarements de sa femme, rigolarde avant de tourner carrément chiante, cassante, humiliante. Je trouve, mon chéri, que ce n'était pas si bon... Na-na-na... Et puis, cllc jctait dcs « con » à la cantonade. On ne dit pas cela à un artiste, encore moins à son homme à la descente du ring. Il faut avoir la décence d'attendre le moment opportun, seuls dans une loge ou une chambre à coucher, sauf si l'on y voit, dans ces moments d'extrême vulnérabilité, le moyen de garder la main.

Au kilomètre suivant, son visage lui revint.

Bien évidemment, avec ses cheveux trop fins, elle n'était plus la femme qu'il avait connue des années auparavant. Lui non plus n'était plus le même homme. Tout émergeait soudain. Madeleine... son débit de voix assuré, sa défiance aux convenances, son prénom comme une gourmandise, dont il s'était plu à détacher chaque syllabe sur le chemin du retour tout juste après leur rencontre, ce 6 janvier 1950, dans un bar où il avait ses habitudes. Il avait constaté qu'il l'aimait quand il était parvenu dès le lendemain à dessiner de mémoire chaque trait de son visage. Elle était entrée si brusquement dans sa vie. Déjà voulait-il écrire ces vers qu'il composerait bientôt : *Et si tu meurs devant, je suivrai à la trace, / Comme le chien perdu sans collier...*

Léo logeait dans une chambre à Saint-Germain-des-Prés. Il avait quitté son père, son pays, son milieu bourgeois pour une vie de saltimbanque. Il s'était même marié avec une femme trop belle pour lui. Elle s'appelait Odette Schunck. Jeune appelé mobilisé dans l'expectative d'une guerre qui n'eut pas lieu, Léo l'avait rencontrée en zone libre, à Albi, où la jeune Parisienne avait fui l'Occupation avec sa famille. Le charme avait opéré aussitôt. Odette avait vingt ans. Lui qui, à vingt-quatre ans, n'avait guère connu de l'amour que des expériences tarifées, avait enfourché son vélo à Monaco pour rejoindre sa blondeur crantée : 500 kilomètres, cinq jours sans dérailleur. Quelques mois passèrent. Et le 2 octobre 1943, Odette et Léo s'étaient mariés à la mairie d'Issy-les-Moulineaux. Le beau-père d'Odette, Georges Schunck, comptable de métier, travaillait au théâtre de l'Étoile à Paris. Il avait accordé un an à son gendre pour réussir. Édith Piaf ne lui ayant pas encore pris de chanson, Léo restait aux yeux de son beau-père un vague pigiste pour *Le Petit Niçois* et un animateur sans verve à Radio-Monte-Carlo. Et ce n'étaient pas les conseils prodigués par Charles Trenet, modèle ultime pour toute une génération de chanteurs, qui pouvaient le rassurer quant à ses choix. Après un spectacle à Montpellier, le Fou chantant avait soufflé le chaud et le froid en prédisant : « C'est très bien mais vous ne chanterez jamais vos chansons. » Léo ne devait pas avoir d'assez beaux yeux pour l'homme qui ne traînait jamais à se montrer décevant... Léo dut l'écouter. Avec Odette, il se mit à monter un numéro de duettistes, où il s'effaçait comme chanteur. Elle disait ses poèmes, qu'il accompagnait au piano. Finalement, pris à la gorge, il accepta d'effectuer au printemps 1947 une tournée de six mois dans les Antilles françaises, Martinique et Guadeloupe. Le chanteur déchanta.

Pressentant le désastre, Charles Aznavour venait de refuser la proposition. L'intuition de l'Arménien s'était confirmée. Au bout d'une vingtaine de dates, Léo s'était vu lâché par le tourneur. Démuni, Léo dormait à droite, à gauche. Il courait après l'argent, tandis qu'Odette envoyait des cartes postales du Venezuela. D'autres bras la consolaient. Revenu sur le continent, Léo en eut la confirmation. Après la guerre, les tickets de rationnement étaient encore en vigueur. Odette en réclamait deux. Pourquoi deux? Parce qu'elle était enceinte. Ce ne pouvait être de Léo. Il lui demanda d'avorter. Et ils se séparèrent, divisant leurs biens par deux. Ce rêve d'une vie de paysans autonomes qu'ils s'étaient inventée sur les hauteurs de Monaco, avec ânes et vaches dans une ferme à Beausoleil, s'enfuyait. Léo souhaita conserver le piano et la bibliothèque. Il continua sa vie d'artiste, comme dans la chanson. Elle prit son train. Chacun repartit avec sa couverture et son caillou dans sa chaussure, comme dans une autre chanson, qui n'est pas de Léo. C'était toujours simple avec Odette, même pour se quitter.

Le 16 décembre 1950, ils divorcèrent, jugement rendu par le tribunal de la Seine, à Paris. Tout juste un an après, Odette est remariée. Si l'on sait qu'elle a refait sa vie, alors que si peu d'informations existent sur la première épouse de Ferré, c'est qu'elle est involontairement réapparue dans la vie des Ferré au printemps 2011. Pour des questions administratives, comme toujours chez une fille de comptable, une caisse de retraite a contacté la dernière épouse du chanteur. Ainsi a-t-on appris qu'Odette Schunck était encore vivante, alors que tous la pensaient morte, et qu'elle avait demandé un extrait d'acte de naissance à la mairie du

12e arrondissement de Paris, nécessaire comme justificatif pour sa retraite.

Nous étions restés sur l'une des uniques photos qui demeure d'Odette Schunck. Rare privilège d'en avoir vu une chez le neveu de Léo, Michel Bergeron, médecin de campagne, dans son mas de l'Allier. Cette petite photo noir et blanc au bord crénelé dévoile un visage concordant trait pour trait avec la légende d'Odette Schunck. On la disait très belle, elle l'était. Elle possédait un type nordique assez moderne, une Claudia Schiffer avant l'heure, ayant monnayé sa grâce comme mannequin auprès de la marque Monsavon. Sur la photo, elle pose, assise en amazone, sur les hauteurs de Beausoleil. Elle rit, il a l'air trop raide, avec son grand front dégarni, fagoté comme un as de pique. La belle et la bête.

Longtemps après leur séparation, elle lui a écrit. Il n'a pas répondu. Il a même exigé que ces photos d'elle ne soient jamais diffusées. L'interdiction formelle qu'elles apparaissent jamais dans une biographie fut formulée comme une volonté testamentaire. La mairie du 12e arrondissement nous a envoyé une copie de l'extrait d'acte de naissance. On a donc appris le nom du successeur de Léo Ferré. Le 12 décembre 1951, un dénommé Christian Hjorth s'est marié à Göteborg, en Suède, avec Odette Schunck. C'est là qu'elle habite désormais. La vie tient en un demi-feuillet :

Le premier mars mil neuf cent vingt à neuf heures, est née, avenue Daumesnil 247, Odette, Hélène, Germaine, Louise, du sexe féminin, de Georges, Paul, Aimé Schunck, trente-cinq ans, comptable, et de Fernande, Marie, Émilie Vézinet, vingt-neuf ans, dactylographe, son épouse, domiciliés comme dessus. Dressé par nous, le trois mars mil neuf cent vingt à douze heures sur présentation de l'enfant et déclaration faite par le père. En présence de Ernest

Nicaud, marchand de couleurs, demeurant avenue Daumesnil 247 et de Sosthène Guiraut, cordonnier, demeurant même adresse, qui, lecture faite, ont signé avec le déclarant et nous, Henri, Célestin, Thiriorg, adjoint au maire du 12e arrondissement de Paris, chevalier de la Légion d'honneur.

Depuis, la piste s'est malheureusement perdue. Plusieurs Christian Hjorth figurent dans les annuaires locaux. En Suède, c'est un nom très répandu. Au téléphone, aucun n'a prétendu connaître une Odette. À l'état civil de la mairie du 12e arrondissement, on a sûrement autre chose à penser avec les demandes de ce type qui arrivent chaque jour par dizaines avec leurs enveloppes timbrées prêtes à repartir. Nous qui avons écouté *La chanson du scaphandrier,* qui retranscrit si poétiquement un amour en forme de point d'interrogation, continuons de nous demander : à quoi ressemble aujourd'hui la fille aux cheveux couleur des blés? quelle voix a-t-elle? qui est ce Christian Hjorth préféré à Léo Ferré? On ne saura jamais le visage et la voix transformés d'une femme entrée malgré elle dans le patrimoine. Tellement de kilomètres la séparent de cet amour légendaire... Pense-t-elle encore à Léo, à un âge où l'on se souvient exclusivement de son premier et de son dernier amour? ou bien est-il devenu un point imperceptible dans une mémoire défaillante? La femme qui riait ne nous lira pas. À quatre-vingt-dix ans, a-t-on du temps à perdre dans les librairies? Nous ne pourrons pas lui demander si elle a écouté *La vie d'artiste,* dont Léo n'est pas parvenu à écrire les paroles. Connaît-elle les autres? A-t-elle conscience que dans la course folle qui devait mener Léo au bonheur, elle fut son premier orage traversé, la source de sa misogynie prétendue, lui qui n'a cessé d'être chanté par des femmes? Apparemment, ils n'avaient rien en commun. C'est comme s'ils ne s'étaient pas rencontrés.

Un kilomètre.

Sur le *Colombie*, le bateau qui l'amène en mai 1947 du Havre aux Antilles françaises, Léo a lié connaissance avec un dénommé Georges Arnaud. L'écrivain journaliste n'a pas encore publié *Le salaire de la peur*, roman qui sera adapté au cinéma par Henri-Georges Clouzot, avec Charles Vanel et Yves Montand. Georges Arnaud est un nom d'emprunt. Pour l'état civil, il s'agit d'Henri Girard.

Sa mère a été emportée par une tuberculose, alors qu'Henri n'avait que neuf ans; on n'a su dès lors contenir les turbulences de l'enfant. Dans la nuit du 25 au 26 octobre 1941, alors âgé de vingt-quatre ans, il se trouve au château familial de l'Escoire, dans le Périgord, avec son père, une tante, une domestique et un chien. Toutes les issues du château sont fermées. Au petit matin, le jeune homme donne l'alerte. Le père, la tante, la domestique, même le chien baignent dans leur sang. Ils ont été assassinés durant la nuit à coups de serpe. La police ne constate aucune trace d'effraction. Henri Girard s'impose comme le principal suspect. Dans le jugement qui l'attend, il encourt la peine de mort. Un ancien ami de la famille, avocat, se manifeste alors. Il parvient à retourner le jury en faveur de l'accusé. Henri Girard échappe à l'échafaud. L'affaire ne sera toutefois jamais élucidée. Elle poursuivra toujours le suspect. L'homme déménage et change de nom. Il adopte le prénom de son père, Georges, et le nom de jeune fille de sa mère, Arnaud. Georges Arnaud voyage en Amérique du Sud et dilapide son héritage. À Paris, il se marie avec une jeune chanteuse. Suzanne, son épouse, chante les textes que le journaliste écrivain écrit pour elle.

Que se sont-ils dit durant la traversée? De retour des

Antilles, Georges Arnaud et Léo Ferré reprennent contact. Ensemble, ils fréquentent le cabaret Milord l'Arsouille, tenu dans le quartier du Palais-Royal par Francis Claude, l'auteur de *La vie d'artiste.* Un soir, ils atterrissent dans un café que fréquente Léo à Saint-Germain-des-Prés, le Bar Bac, rue du Bac. Suzanne se trouve là avec une amie.

Un autre kilomètre.

Les intellectuels ont toujours impressionné Léo. Dans la belle-famille de sa sœur Lucienne, il se régalait de ces longs déjeuners où l'on débattait sans discontinuer de littérature, d'histoire et de sciences. Les Bergeron étaient une grande famille de médecins et d'universitaires d'Amiens. Tous s'étaient retrouvés durant leurs études à Paris à vivre les mêmes événements au même moment, 1934, lorsque la police avait tiré sur la foule. Entre les communistes et les Camelots du Roi, la période s'avérait bouillonnante. Le 6 février 1934, une manifestation antigouvernementale eut lieu place de la Concorde. Plusieurs manifestants tombèrent sous les balles. Aux déjeuners dominicaux chez les Bergeron, le sujet revenait fréquemment sur la table. Épique époque révolutionnaire.

Un kilomètre.

Madeleine Rabereau était une intellectuelle née de rien. Fille de cheminots, elle avait effectué des études de lettres et de philo, tout en suivant des cours de théâtre. Cette tête bien remplie n'avait pas oublié de vivre. Malgré ses huit ans de moins que Léo, elle paraissait bien plus aguerrie. Elle avait eu son lot de conquêtes, des hommes laissés sur le carreau après son passage, dont elle n'avait pas hésité à jeter les vêtements par la fenêtre. À vingt-six ans, cette femme de 1924 comptabilisait déjà deux mariages. D'un premier avec un homme d'affaires, elle avait eu une fille. Là, elle sortait d'une aventure avec un militant trotskiste. « Il y a dans ma vie passée tant de pots cassés, tant de combats où j'ai gagné la guerre, tant d'hommes qui me faisaient pitié à l'armistice et au fond tant "de guerre lasse" qu'avec celui-là, je me suis trouvé le droit d'être adroite. C'est un apprentissage où je suis encore novice, vu la taille de l'adversaire mais... je prends des galons », écrira-t-elle à propos de Léo dans *Les mémoires d'un magnétophone.*

Encore un kilomètre.

Aussi châtain qu'Odette pouvait être blonde, Madeleine avait vu ce qu'aucune autre femme n'avait jusque-là décelé chez Léo. Lorsqu'elle croise sa route, le génie méconnu est à ramasser à la petite cuillère. Parti dans les Antilles pour faire fortune, il est revenu cocu et sans un sou. Pour son retour sur le continent, il a même dû quémander de l'argent à son père. Joseph Ferré s'est exécuté. Il a envoyé un mandat. Le fils prodigue a maintenant trente-quatre ans, il habite une chambre de bonne et écume les cabarets dans un petit costume de laine froide. Quelle prudence dans la voix... Pourquoi ce compositeur si fin sert-il aussi mal ses œuvres ? Madeleine se trouve sur son chemin pour le réconcilier avec son art, recoller les morceaux d'une vie fracturée. Elle les ramasse, les assemble, en forme un puzzle.

Il fallait bien s'aimer de la sorte pour vivre les premiers temps dans une chambre d'hôtel, au 14 rue Royer-Collard, tout près du Panthéon. Il fallait bien s'aimer assez pour se marier, deux ans après s'être rencontrés, sous le régime de la communauté de biens universelle, contre l'avis du père de Léo. Qu'avaient-ils à partager ? Rien. Ils n'avaient pas un sou. Effectivement, aujourd'hui, mais plus tard ? Le père avait vu plus loin que son fils. La cérémonie de mariage eut lieu, le 29 avril 1952, à Monaco. Curieusement, au déjeuner, Madeleine semble ailleurs, coincée entre ces deux familles que tout oppose, la bourgeoisie monégasque d'un côté, les silhouettes alourdies par le travail de l'autre. Familles, je vous hais ?

Kilomètre suivant.

Elle l'accompagnait dans ses nuits blanches. Pour tenir, Léo prenait du Maxiton. Il ne fallait pas se tromper : les cachets de couleur permettaient de rester éveillé, les blancs endormaient... Madeleine le suivait aussi dans sa tournée des cabarets, nuits éreintantes, à ne revivre pour rien au monde. Elle se démaquillait aux premières lueurs de l'aube. Tandis qu'elle se délestait de cette crème trop grasse, Léo sortait les chiens. Dans la fumée crasseuse du petit matin, le saint-bernard Arkel se soulageait sur le terre-plein central de la porte Maillot. Les poids lourds roupillaient. Lui aussi, furieuse envie de bâiller. Le soleil finirait bien par se lever. Oui, pour qui ? Pour quoi faire ? Affamé, Léo songeait déjà à la prochaine virée qu'ils effectueraient avec Arkel dans la forêt de Marly-le-Roi. C'étaient leurs jeudis, à vingt minutes de Paris. Pour s'y rendre, un voisin du Petit Pershing, un peintre polonais nommé Kotzky, lui prêterait sa vieille Renault. Un cuir d'avant la résistance.

Dans le parc de Marly, Léo écrivait à l'ombre des allées de marronniers dessinées par Le Nôtre. Si Arkel bénéficiait de cette faveur, c'est qu'il était le chien préféré de Léo. Dès qu'il l'avait aperçu dans un chenil des Champs-Élysées, Léo n'avait pu résister à l'envie de lui rendre sa liberté. Le chien coûtait 40 000 francs de l'époque. Léo avait dépensé les 25 000 francs qu'un éditeur lui avait avancés pour sa chanson *Vitrines* et contracté 15 000 francs de dettes supplémentaires auprès d'amis. On l'appelait Arkel ou Arkelovitch.

Un kilomètre.

Ils habitaient boulevard Pershing. Léo rêvait d'opéras et de grands orchestres. Madeleine décrocha son téléphone. Elle appela le prince Rainier. Sur son insistance, le père des Monégasques effectua le déplacement jusqu'au cabaret où se produisait Léo, puis il se rendit chez les Ferré. Léo et Madeleine n'avaient même pas de quoi recevoir. Pour le champagne, ils durent emprunter au voisin bistrotier. Le prince en avait certes bu du meilleur. Le lendemain, toujours sur les conseils de Madeleine, Léo se rendit à son tour chez le prince, ses partitions sous le bras. Il n'hésita pas à lui déclarer : Monseigneur, Wagner a eu son Louis II de Bavière, soyez mon Rainier de Monaco ! » Et le prince céda aux exigences de l'enfant de la principauté. Avoir un orchestre ? Créer un opéra de sa composition, alors que le musicien ne bénéficiait d'aucune reconnaissance dans le domaine ? Eh bien, on allait lui dégager une soirée à l'Opéra de Monte-Carlo. En réalité, ce n'était pas pour les beaux yeux de Madeleine que le prince pliait devant ces folles exigences. Le talent de Léo n'avait pas plus à voir là-dedans. À trente-sept ans, l'esprit rebelle qui avait tourné le dos à la principauté continuait d'avoir un père. Et il ne s'agissait pas de n'importe qui. Joseph Ferré était un rouage indispensable à la bonne marche de l'économie locale, gardien de tant de secrets de la famille princière, que le prince ne put envisager de ne pas aider son saltimbanque de fils. Madeleine se moquait bien du prince. Elle avait besoin d'un tremplin pour exposer l'œuvre de son mari, qu'elle pensait être un géant. Elle a eu d'autant plus raison d'insister que ce n'était à l'époque une évidence pour personne. Pour le prince, il s'agissait tout simplement d'un enfant de la cité monégasque, dont on allait ainsi présenter le talent, comme une forme de mécénat généreusement accordé. Les princes, les riches et les bourgeois ont en commun de dédaigner ce qu'ils finissent par acheter plus tard à prix d'or, une fois que le bon peuple a estimé la valeur unique de ce qui n'avait jusque-là aucun prix. Madeleine avait probablement conscience des malentendus qui s'établissent dans ce genre de reconnaissance. Qu'importe, le 29 avril 1954 eut lieu une représentation dans la salle Garnier de l'Opéra de Monte-Carlo. Léo y dirigeait son premier opéra. Sa musique chantait le poème d'Apollinaire *La chanson du mal-aimé.* C'est ainsi qu'il se vivait, même s'il devait bien admettre que ses parents ne le laisseraient jamais mourir de faim. Il leur dédicaça le programme et put, ce jour-là, fêter ses deux ans de mariage avec Madeleine, l'éblouissant de mille feux à la tête d'un grand orchestre. Ses doigts déclenchaient des sons. Elle était à ses côtés, comme à chaque première fois. Lui retrouvait ses remparts. Madeleine ne pouvait comprendre à quoi ils correspondaient réellement.

Encore un kilomètre.

Quelle endurance ! Madeleine était le supporter de Léo. Supporter revient tout autant à soutenir qu'à subir. Ses éclats de dire lui avaient ouvert les portes du succès. Sa carrière semblait sur les rails. Mais, de l'appartenance, cette formidable manière d'aimer qui s'accomplit dans le renoncement à soi-même, Madeleine avait progressivement basculé dans la possessivité. Elle le possédait avec ses armes, la technique, la lumière, les contrats, les rendez-vous. Madeleine était devenue Léo. Elle était sa voix, sa parole, sa décision. Le bruit courait même qu'elle écrivait ses chansons, et elle n'était pas étrangère à cette rumeur qu'elle alimentait par allusions, fière d'avoir coupé tel Aragon, d'avoir suggéré de retoucher tel couplet. Dans les faits, à la Sacem, de toutes les œuvres de Léo Ferré, Madeleine Rabereau n'est créditée que pour une seule, *Ô Notre-Dame de la Mouise.* Sur cette composition de Léo Ferré, elle se partage les paroles avec Albert Willemetz. On retrouve son nom sur un livret d'opéra. Sur le tapuscrit de *La nuit,* on lit : « Avec la collaboration artistique de Madeleine Ferré. » Elle se voyait bien derrière chaque mot. Elle aurait d'ailleurs fait un excellent directeur artistique. Elle avait l'instinct des radios. Pour cela, elle exigeait le minutage dans l'air du temps. Elle prenait les chansons par la main. Lui s'en remettait à elle. Manquait-il à ce point de confiance en lui ? Son avis l'avait paralysé. Elle lui avait pourtant permis beaucoup. Lui, en retour, l'avait encouragée dans son projet de lire ses chansons à lui. C'étaient comme les siennes. Elle les avait vues naître, elle en connaissait les doutes et les efforts.

Dernier kilomètre.

Il était arrivé.

Le jour se levait sur Elbeuf. Nichée dans un des lacets de la Seine, la petite ville normande somnolait encore. Léo se rendit à son hôtel et plongea dans un sommeil qu'on imagine sans rêves. *I'm a poor lonesome cow-boy. I'm a long long way from home.* Au réveil, dans l'après-midi, le chanteur retrouva son pianiste Paul Castanier. La balance s'effectua avec le musicien aveugle qui voyait toujours quand son ami avait des problèmes. Le son était maintenant réglé. Depuis qu'ils s'étaient rencontrés en 1957 dans un cabaret de Montmartre, Chez Plumeau, Léo et Popaul ne se quittaient plus. Sous les doigts de Popaul se dressaient des orchestres. Ils dînèrent ensemble puis Léo s'isola dans sa loge. Il lui faudrait chanter chaque détail de sa vie. Ses chansons étaient sa vie. Il chanta. La fille de Madeleine se trouvait dans la salle. Après le concert, elle tenta de le raisonner. Léo promit de rentrer, le lendemain. La route avait été longue. Il retourna à son hôtel, dormit d'un sommeil sans rêves, se réveilla, se leva, mêmes gestes que la veille et reprit les 624 kilomètres dans l'autre sens.

Il ne se trouvait plus très loin de Perdrigal. C'était le milieu de l'après-midi, à Souillac. Il s'arrêta pour téléphoner. Que se dirent-ils, Madeleine et lui ? La conversation fut assez orageuse pour entrer dans la légende. Quelques mots suffirent apparemment pour justifier à eux seuls le renoncement définitif et durable au foyer conjugal. Il faudrait pourtant avoir l'enregistrement de chaque mot, chaque silence, chaque non-dit pour appréhender cette conversation dans la plus pure objectivité. Avant de raccrocher, Madeleine aurait dit à Léo : « Écoute-moi bien, maintenant. J'ai acheté un fusil. Et si tu ne fermes pas ta grande gueule, je vais te la boucler une fois pour toutes ! — Eh bien, je vais te simplifier la vie, Madeleine, je ne rentre pas ! »

Léo tint parole. Enfin, pas tout à fait. Il revint par l'escalier de service. Sur la petite colline où Marie-Christine gardait les animaux, il promit à la jeune servante de revenir la chercher. « Je ne rentre pas, je pars chez ma sœur. Tu me tiendras au courant », lui dit Léo. Le téléphone n'était pas installé dans la petite maison aux chimpanzés. Chaque jour, Marie-Christine se rendait chez des voisins pour appeler. On ne s'arrache pas seul à une passion. C'était elle, la petite Espagnole aux longues tresses noires et bas de laine, qui l'aidait à franchir le pas. Elle s'était trouvée en travers de son chemin. Léo n'avait pas bien fait attention. Quelque chose en elle lui donnait la force de passer à l'acte, cette envie qu'il avait souvent eue de s'enfuir. C'était comme si elle avait toujours su...

Varennes-sur-Allier signifiait l'îlot de sa sœur Lucienne. Combien de fois l'avait-on vu débarquer à l'improviste dans d'incroyables voitures américaines, DeSoto, Chevrolet, Pontiac jaune canari, la voiture des ploucs américains correspondant soudain à l'insigne tapageur de la réussite, jusqu'à cette Citroën Maserati qui, elle aussi, passait difficilement inaperçue ? Sur la route des concerts, dès qu'il le pouvait, Léo s'autorisait une halte en coup de vent. Il savait qu'il serait bien reçu. On l'entendait arriver de loin. Sur la place de l'église, il effectuait un tour ponctué de coups de klaxon. Le petit frère s'annonçait bruyamment, joyeusement. On aurait cru à un retour au bercail. Ici, tout le monde le connaissait. Léo, c'était Ferré, dont la sœur était une petite vedette locale.

Après des études de dentiste qu'elle n'avait su mettre à l'épreuve d'un cabinet ouvert à son nom, Lucienne s'était résignée à seconder son mari dans sa pharmacie. Qu'il paraissait loin le temps où les perspectives s'ouvraient pour elle. L'avenir semblait alors tout tracé. Lucienne s'était montrée si douée, trop peut-être. D'une imagination fertile et d'un entregent du diable, elle eût pu être de ces femmes s'assumant pleinement, alliant le sérieux d'études excellemment menées avec une sensibilité artistique nourrie d'une grande fantaisie. Maintenant, elle aidait à la pharmacie centrale d'un petit bourg de l'Allier. Sa maison se trouvait tout à côté. On l'apercevait dès la sortie de la nationale 7. C'était une des premières à l'entrée du village. Dans cette province coupée de toute distraction, Léo apportait des nouvelles de Paris.

Ils s'appelaient souvent, Léo et elle. Ils étaient restés proches. Quand Léo était monté à Paris pour y étudier son droit au milieu des années 1930, Lucienne avait été chargée de le chaperonner. Ces dernières années pourtant, Léo avait été moins visible. Le succès l'accaparait. Sa vie avec Madeleine aussi les avait éloignés. Léo ne venait que trop rarement. Madeleine refusait de le partager avec sa famille. Les trois enfants de Lucienne, deux garçons, Michel, Jacques, et une fille, Marie-José, se sont vu voler leur oncle. Aujourd'hui encore, Marie-José garde l'image d'une conversation près de la cour de la maison de Varennes. L'endroit était triste et moche. Les enfants y jouaient cependant. Le jardin, très étroit, occupé par un hangar, ouvrait sur une rivière. On y pêchait parfois. Léo et Madeleine se tenaient dans leur voiture. Marie-José se rapprocha. Ils continuaient de parler. Sans saisir le sens de leurs paroles, la nièce comprit qu'il s'agissait de propos négatifs. Madeleine faisait des recommandations. On ne reste pas. Pas trop longtemps. Léo se taisait.

Léo ne se montrait guère plus aux fêtes de famille. En avril 1965, Michel, le fils aîné de Lucienne, se maria. Léo arriva au dernier moment. À midi quinze, il débarqua en trombe, dans sa Mercedes 300 verte, sur la place de l'église. À seize heures, il était déjà reparti. Attends, attends, dit-il à son neveu adoré, en lui glissant un billet de 500 balles. Il n'avait rien prévu comme cadeau. Madeleine ne l'avait autorisé à venir qu'à la dernière minute. Léo était déjà dans la mouise, pense aujourd'hui l'ancien jeune marié.

Pour se consoler des absences de cet oncle d'Amérique, il reste les cadeaux dispendieux dont Léo couvrait ses neveux et nièce. Un Noël sur deux, il débarquait avec ses saint-bernard. À Marie-José, une poupée dotée d'un mécanisme permettant de marcher toute seule ou bien une valise Vuitton, bleue, superbe, avec de grandes feuilles de papier couleur à l'intérieur. Avec Léo, les petits Bergeron découvraient les dernières trouvailles technologiques d'un oncle s'émerveillant tout autant de leur magie. Un Noël, il s'était pointé avec un magnétophone portatif. Très rare, à l'époque. La machine avait enregistré la voix des enfants. Ils s'étaient réécoutés, ébahis. Magique, extraordinaire ! Léo ouvrait la porte d'un nouveau monde. Tout le monde riait ; Léo, aussi. Il semblait très heureux, comme Lucienne et son mari.

Ce jour de mars 1968 dans l'Allier, on a noté une différence en le voyant débarquer. Il semblait nerveux, épuisé. Une barbe de trois jours lui dévorait le visage. Il dit : « Ça y est, je me décollérise ! » Néologisme ferréien... Se décollériser signifiait s'ôter le collier que Madeleine lui avait enfilé.

Pourquoi un besoin si impérieux de l'annoncer à Lucienne ? La séparation n'était pas encore établie. La nécessité d'avoir un témoin d'une telle valeur s'imposait-elle pour s'empêcher de revenir sur sa décision ? Il pressentait les renoncements de dernière minute. Car Léo devrait bien le dire à Madeleine, avec la crainte du regard, de la voix, à la fois familière et étrangère, à affronter. Aux yeux de Léo, Lucienne symbolisait probablement la parole à laquelle se raccrocher. Il ne pourrait la décevoir. C'était sa sœur, sa confidente, le récipendiaire de son histoire. Ils s'appartenaient l'un l'autre. Elle lui donnait l'élan. C'était comme une promesse que se font les enfants. Avec Lucienne, ils se retrouvaient enfin autour de cette séparation. Il ne manquait plus qu'à voir Madeleine. Il préféra lui écrire, comme toujours dans ses ruptures.

À la poste de Varennes-sur-Allier, on doit encore se souvenir des pages et des pages de télégramme que Léo et Madeleine s'envoyèrent aux derniers jours de mars 1968. Il ne s'agissait pas de bouquets de roses, ou alors tenues par la fleur afin que le destinataire se pique en les recevant. La sténo se bouchait les oreilles. Elle n'était pas seule à être embarrassée, Lucienne aussi était très gênée. Varennes-sur-Allier tenait dans un mouchoir de poche. Qu'en aurait-il été de sa réputation à elle, la pharmacienne ? À travers cette joute verbale s'exprimait la plainte de Madeleine. Elle demandait une dernière fois à son mari de revenir. Rentre, je ne peux pas m'en sortir seule. Rentre, je ne peux pas m'en sortir seule, avec les animaux. Rentre. Maintenant.

Quinze jours se sont écoulés depuis son départ de Perdrigal. Après Varennes-sur-Allier, Léo s'est rendu chez Maurice Angeli, un de ses plus fidèles amis, connu au temps du lycée à Monaco. Maurice avait alors une petite sœur qui était aux scouts avec Lucienne, une cheftaine. Maurice l'accompagnait souvent chez Lucienne. Il s'agissait bien évidemment d'un prétexte pour voir Lucienne. Sa beauté l'éblouissait. Ainsi, dans l'appartement du 9, avenue Saint-Michel, s'était-il lié avec Léo, le petit frère de Lucienne.

L'ami des années de philo habitait maintenant sur les hauteurs de Lyon, dans le quartier populaire de la Croix-Rousse. Chez lui, Léo tournait comme un fauve en cage. Chaque jour, comme convenu, Marie-Christine appelait. Un vendredi soir, elle l'informa d'une visite que deux vétérinaires devaient faire de Paris pour « soigner » les animaux. Elle n'avait guère plus de détails.

Le 6 avril 1968 tombait un samedi. Madeleine proposa à Marie-Christine de rentrer dormir chez ses parents, à Gourdon. Ne reviens pas trop tard, demain, demanda Madeleine, afin que les chimpanzés ne restent pas seuls. Tu me les amèneras au château. Le lendemain, le 7 avril 1968, Marie-Christine suivit les instructions de sa patronne. Elle sortit les trois petits chimpanzés. À la radio, on ne parlait que des émeutes qui venaient d'éclater aux États-Unis après l'assassinat, trois jours plus tôt, de Martin Luther King. L'Amérique se trouvait à feu et à sang. Trente-neuf personnes avaient trouvé la mort à Washington, dont trente-cinq Noirs. L'information tournait en boucle sur les ondes.

LE MEURTRE DES ANIMAUX

— Ah, elle commence à m'emmerder, celle-là...

Depuis plusieurs jours, des appels se répètent à la clinique du docteur Klein, aux Batignolles. Le médecin a beau maugréer, il sait bien qu'il ne pourra échapper à cette mission. À quarante-sept ans, le patron de la clinique a conscience de l'énergie qu'il faut déployer pour se forger une clientèle de qualité. Sur un coup de fil, tout le réseau peut s'écrouler. L'appel ne vient pas de n'importe qui. Il s'agit de Madeleine Ferré. Le docteur Klein va trouver son assistant, A. G., pour régler le problème de ses animaux dans le Lot. Une réputation repose sur la capacité à nettoyer la merde.

Le jeune assistant sort tout juste de l'École vétérinaire de Maisons-Alfort. À vingt ans, il est l'innocence même. Avec son ami T. R., A. G. éprouve une grande admiration pour le docteur Klein. Le show-business s'arrache alors les services de ce médecin courtisé des grands fauves, des starlettes à Elizabeth Taylor, que l'homme régale en retour lors de somptueuses fêtes données à demeure. Michel Klein possède deux lignes de téléphone (un luxe pour l'époque) et se déplace en hélicoptère pour se rendre au chevet de l'animal de compagnie d'une tête couronnée en Espagne. A. G. se rappelle même avoir soigné avec son patron des guépards dans un bistrot de la rue de Rivoli. Les animaux avaient été transportés dans une cage en verre depuis l'appartement de leur propriétaire.

Le docteur Klein connaît bien les chimpanzés. Le zoo de Thoiry et le cirque Jean Richard, à Ermenonville, lui confient leurs bêtes. A. G. et T. R. ont eu affaire aussi à ces animaux ingérables. Lorsqu'il était en deuxième année de chirurgie à Maisons-Alfort, T. R. a vécu un épisode qui l'a particulièrement marqué. Le propriétaire d'un cirque de passage avait amené à l'École vétérinaire un chimpanzé dangereusement agressif. Il s'agissait de lui enlever les crocs. Une dizaine de garçons, dans la force de l'âge, avaient été chargés d'immobiliser l'animal afin de procéder à une intraveineuse. Pour que l'animal soit bien écartelé avant l'intervention du professeur Bordet, des longes devaient être passées autour des chevilles et des poignets du singe. Les étudiants étaient vêtus d'une blouse brune. L'assistant du professeur portait une blouse blanche. Dès que le chimpanzé l'aperçut, il se mit à paniquer. Il étendit ses bras et ramena tout le monde à son centre. Saisis par la force de l'animal, les étudiants se retrouvèrent soulevés à hauteur d'homme.

Le 6 avril au soir pourtant, les deux vétérinaires empruntent la voiture qu'A. G. vient de s'offrir avec ses premiers salaires, une Autobianchi Primula. Ils quittent Paris en direction du sud. Ils ont vingt ans, toute la vie devant eux. Aveuglés par leur fascination pour le docteur Klein, ils partent la fleur au fusil, mais sans cartouche dedans.

Le 7 avril, ils sont arrivés à Perdrigal le ventre creux et les yeux rougis de fatigue. Le soleil venait de se lever. Sur la cour pavée, des éclats de lumière scintillaient. Il pleuvait. Miroirs dans la boue. Sur le pas de la porte, une femme les attendait. En robe de chambre, les cheveux défaits, elle paraissait désespérée. Elle engagea le dialogue.

— Alors, c'est vous... Comment comptez-vous vous y prendre ?

À vingt ans, il est des questions auxquelles il n'est pas aisé de répondre lorsqu'une femme qui en connaît un rayon sur la vie vous déshabille d'un œil vitreux tandis qu'une guenon se frotte à votre jambe. Pépée venait de s'inviter dans la conversation. Elle était en chaleur. Tandis que les vétérinaires se pliaient aux présentations d'usage, le singe avait dévalé d'une gouttière pendant du toit comme un fil. Maintenant, Pépée jouait avec les chaussures d'A. G. Le vétérinaire portait un modèle anglais, montant. Ces effusions devenaient pour le moins gênantes. Les vétérinaires, connaissant la susceptibilité de l'animal, se gardèrent bien de le remettre à sa place. T. R. prit toutefois les devants, de son accent grand bourgeois.

— Écoutez, madame, ne pourrait-on pas entrer chez

vous et réfléchir tranquillement au problème ? En attendant, pourriez-vous demander à votre animal d'arrêter de se frotter à mon ami ?

La femme aux cheveux défaits d'abord ne comprit pas.

— Mais... de quel animal voulez-vous parler ?

Le vétérinaire désigna le chimpanzé du regard.

— Ah... vous voulez dire... ma fille ? rectifia-t-elle.

Ils comprirent qu'ils étaient arrivés à destination.

L'intérieur du château ressemblait à ses extérieurs. Vitres brisées, fils arrachés, meubles estropiés, tapis parfumés à la merde, plus rien ne tenait debout dans ce salon où survivaient quelques commodes de style espagnol, lourdes et ventrues, reposant sur de grosses boules en fer forgé. Un canapé éventré trônait misérablement entre deux fauteuils. Le sol était jonché de cadavres de bouteilles. Dieu, que ça puait... Baba, le cochon domestiqué, se prélassait sur le tapis. C'était donc là que vivait Léo Ferré, l'homme des *Chansons d'Aragon*, l'artiste célébré outre-Atlantique par l'icône de folk américaine Joan Baez ? Trois ans plus tôt, la compagne de Bob Dylan avait fait un succès de son *Pauvre Rutebeuf*, et dans la langue de Ferré s'il vous plaît : « Que sont mes amis devenus, que j'avais de si près tenus, et tant aimés ? Ils ont été trop clairsemés. Je crois le vent les a ôtés. »

On passa à la cuisine. Avant de discuter, Madeleine proposa à boire. Il était neuf heures du matin. Les vétérinaires n'avaient rien mangé depuis la veille au soir. La journée s'annonçait chargée. À peine le temps de décliner l'invitation que déjà l'ordre était lancé : champagne ! Pépée s'élança vers la réserve pour en revenir avec une bouteille. Elle la déboucha avec les dents. La guenon servit dans des verres qu'elle présenta aux invités. L'habitude avait été prise à Perdrigal. Et il était déconseillé de refuser l'offre du singe.

La dernière fois, la bouteille avait fini fracassée sur le crâne du récalcitrant. Vexée, Pépée.

Tandis qu'ils sirotaient leur Fanta d'adultes, Pépée évoluait d'un endroit à l'autre de la pièce. Elle sautillait, bondissait de la table au sol, et inversement. Soudain, T. R. entendit siffler ses oreilles. Un balai lancé par Pépée avait manqué de le défigurer. Un autre jeu, probablement... Constatant la frousse qu'elle venait de déclencher, Pépée s'approcha du vétérinaire et le prit dans ses bras. L'homme se retrouvait aussi vulnérable qu'un nourrisson, sans défense, à la merci du singe.

L'affection que la femme portait au singe se voyait sur elle. Des traces de gale recouvraient ses mains. Madeleine l'aimait, sa Pépée. « J'embrasse l'intérieur de tes mains, ton nombril, ton bribri, tes seins, tes tétés, tu me peignes, tu me fourres unc prunc de force, tu me fais boire du psschitt, tu souris, mon édentée, avec des gloussements de joie qui m'extasient, et si tu savais comme tu m'approches de Léo qui au réveil te tend les bras où tu te blottis », écrit-elle dans *Les mémoires d'un magnétophone*. Pépée avait sa chambre. Le soir, ses « parents » lui montaient une tasse de tilleul. On disait qu'entre les solives du plafond, la guenon avait creusé un trou. Elle les observait dans leur sommeil. Dormait-elle avec eux ? C'est très probable.

Cette femme était-elle en possession de tous ses moyens ? Était-elle sous emprise ? Était-ce d'ailleurs elle qui avait appelé finalement la clinique des Batignolles ? Était-ce une vengeance ou bien la seule solution qui s'offrait à elle, démunie, devant l'impossibilité de s'occuper seule des animaux ? Cette femme, jadis si forte en gueule, paraissait d'un coup désemparée. Nos deux nigauds auraient bien été incapables de dénouer les fils de cette pelote. Était-ce d'ailleurs leur rôle ? S'ils se trouvaient là, c'est qu'on les avait chargés d'une mission. Le projet consistait à euthanasier les animaux. On avait demandé au docteur Klein de supprimer Pépée, Zaza, les trois petits chimpanzés et le cochon de 350 kilos. Il arrive que des couples en instance de divorce ou de déménagement formulent ce genre de demande au moment où se pose la question des animaux domestiques. Certains vétérinaires refusent, estimant que leur métier n'est pas de donner la mort, mais bien de soigner. Aujourd'hui, les vétérinaires du docteur Klein prendraient cette décision. Mais ils étaient si jeunes, si naïfs, si malléables.

Pied à pied, les vétérinaires tentèrent de négocier une sortie de crise, dans un zoo, à Bâle. Un coup de fil et l'affaire aurait été réglée. Rien à faire. La femme souhaitait qu'ils soient enterrés là où ils avaient vécu dans le plus grand bonheur. Ces animaux avaient connu la liberté. On les avait sauvés de la cruauté des hommes. Impensable qu'ils retournent dans une cage. Une mort douce était préconisée. Madeleine s'était montrée très claire. Elle voulait qu'ils partent sans aucune souffrance. Les deux vétérinaires auraient dû venir de Paris équipés d'un fusil anesthésique. Mais, l'arme était restée bloquée à la douane. Les vétérinaires avaient dû se contenter de deux seringues T-61 de 30 ou 40 cm^3. De quoi abattre un cheval, ces puissants analgésiques servent parfois aux vétérinaires à se suicider. L'homme est pris de tressautements, ensuite le cœur s'arrête de battre, la mort est douce, à peine note-t-on un signe de souffrance. Pour Pépée, il eût fallu intervenir en intraveineuse ou en intrapulmonaire. Comment l'immobiliser? Impossible, ne serait-ce qu'une seconde... L'animal était incontrôlable. À court d'arguments et de moyens, les vétérinaires décidèrent d'appeler leur patron. Qui leur répondit : « Démerdez-vous ! Décidément, vous êtes trop nuls ! »

On les conduisit dans une ville voisine auprès d'une jeune fille qui les accompagna chez un vétérinaire de la région. Il s'agissait de celui qui s'était fait mordre par Pépée. Arrêtez de perdre votre temps avec vos seringues, leur conseilla-t-il. Il faut abattre. La jeune fille suggéra qu'un chasseur ferait l'affaire. Le vétérinaire : J'en connais un très bon, le meilleur de la région. C'est lui qu'il vous faut. Madeleine est au bout du rouleau. D'ailleurs, elle ne restera pas. Ce soir, une ambulance viendra la chercher. Il faut décamper, vite. Vous vous êtes fourrés dans un beau merdier, conclut le vétérinaire.

À Perdrigal, un nouveau personnage avait fait son apparition. Avec sa moustache et son air distrait de professeur Tournesol, ce médecin évoquait une sorte de comte de Champignac, dans *Spirou*. Nerveux, semblant à côté de la plaque, il esquivait toute confrontation avec le réel. La qualité du climat lui semblait plus importante à commenter que la santé de Madeleine. Son rôle pourtant était de la soutenir. Dépêché l'après-midi à ses côtés, il devait l'accompagner vers la clinique de la région parisienne où elle serait bientôt admise en cure de désintoxication. Le sale boulot, il s'en moquait éperdument, du moins en apparence. Le sale boulot revenait aux vétérinaires.

Après avoir vu le vétérinaire du coin, les deux garçons exposèrent leur plan à Madeleine. Madame, ne pensez-vous pas qu'un chasseur sachant manier un fusil allégerait la souffrance de vos animaux ? À l'évocation de cette mort par balle, Madeleine crut défaillir. À nouveau, elle faillit s'évanouir lorsque l'un des jeunes vétérinaires évoqua la possibilité pour Baba de finir en tranches chez un charcutier. Hors de question d'en faire des rôtis, s'emporta-t-elle. Elle leur fit promettre que le cochon serait enterré comme Pépée et Zaza.

Zaza vivait recluse à l'autre extrémité du domaine. Pour accéder à sa cage, il fallait emprunter un long labyrinthe qui épousait le relief de la colline. Aménagée dans une grange désaffectée, la cage possédait des barreaux de la largeur d'un pouce. Zaza pouvait y évoluer relativement. Les vétérinaires s'étaient munis de bananes pour l'amadouer. Tout de suite, l'animal, qui ne recevait aucune visite à part Madeleine, s'intéressa. La guenon leur tendit un bras, que les deux hommes tentèrent de saisir afin de procéder à un garot. Elle hurla, se débattit. T. R. dit alors : C'est fini, arrêtons le massacre, c'est dégueulasse ce qu'on est en train de faire, il faut appeler le chasseur. Le chasseur les retrouva. Et tira. La nuit commençait à tomber.

Les vétérinaires et le chasseur rejoignirent le château. Dans la cour, une DS blanche était garée. Des infirmiers attendaient le signal du départ. Madeleine se prépare. Il n'y a pas si longtemps, Pépée perdait ses dents de lait. L'événement était survenu pour ses six ans, le 19 septembre 1965. Ce jour-là, Madeleine fêtait ses quarante et un ans. Il n'y a pas si longtemps, Pépée avait brisé un carreau pour entrer dans la « chambre rose ». Censée abriter tous les bibelots fragiles, cette pièce lui était interdite. Mais comme partout ailleurs, Pépée y entrait. Des images reviennent à Madeleine. Il n'y a pas si longtemps, Pépée la suivait dans sa cueillette des fraises des bois. Elles seules savaient où les dénicher. Champ d'herbes hautes traversé, Pépée gémissait en chemin de petits cris effrayés. « Je t'attends, je te tends la main que tu prends, tu me souris ou tu me fais une grosse patoune — fais-moi une patoune, un baiser, un bibi — nous avons une bonne douzaine de mots à notre usage strictement personnel et tous veulent dire “embrasse-moi”. On se fait un petit menton, un petit nez, une petite oreille. Souvent, je te prends ou tu me prends dans tes grands brachoux, et coule dans nos veines le “lait de la tendresse humaine” », resitue Madeleine en 1967. Souvenir de la boule noire assise à 30 mètres d’elle dans la verdure. Le son monotone du coucou et le roucoulement des ramiers. Pépiements d’oiseaux et soudain un chant qui fait dresser l’oreille de Pépée. Un oiseau siffle la mélodie du *Scaphandrier*, la chanson de Léo. Il est dix heures, le facteur vient de déposer le courrier. Le lierre, qui grimpe au mur, exhale des senteurs nouvelles. Dernière vue sur les bouleaux, les chênes et les châtaigniers... Madeleine se poste au bord du précipice et ferme les yeux. Elle sait que c’est fini.

En bas du château, le chasseur attend le feu vert. Au signal de Madeleine, il monte dans la chambre rose, celle qui lui était interdite. Pépée fut-elle surprise à la vue du chasseur ? Qu’y avait-il dans son regard ? Mort il y a une trentaine d’années, le chasseur a emporté le dernier regard du singe dans sa tombe. Deux coups de feu résonnèrent. Pépée est probablement tombée au second. Le téléphona sonna. Les infirmiers décrochèrent. Ça y est, vous pouvez venir chercher Madeleine, informèrent-ils. Avant de partir, Madeleine demanda une dernière fois que Baba ne finisse pas chez un charcutier. Elle se glissa dans la voiture, qui descendit, stores baissés, dans le jour finissant...

A. G. réunit son courage et s’occupa de Baba. Dans un parfait dégoût de lui-même, il se résigna à sa mission. « Tu l’as fait dans une veine de l’oreille, se souvient son ami T. R. — Oui, il était gentil comme tout. — Tu lui as injecté combien ? — Oh, pas énormément, 20 à 30 cm^3. — Et le cochon s’est laissé faire ? — Oui, il dormait, adorable. — Et tu lui as mis un garrot à la place de l’oreille ? — Non, rien du tout. — Tu as appuyé sur une veine ? — C’était relativement facile. Ces bêtes sont épuisées par leur poids. C’était un verrat énorme, il dormait en permanence, donc ça ne l'a pas gêné qu'on lui enfonce une aiguille dans l'oreille. »

Nuit noire. La lune rasait les toits. Une veillée funéraire se préparait. Une cérémonie aux chandelles s'accompagnait d'une *Passion* de Bach jouée très fort dans un son et lumières saisissant. Deux femmes recouvrirent Pépée d'un drap de linon blanc. T. R. n'en garde aucun souvenir. A. G. pourtant en donnerait sa main à couper.

Ils dînèrent avec Maryse, une des jeunes filles du château, et une proche de Madeleine. Les langues se délièrent. Chacun, à sa manière, tenta d'exorciser le traumatisme vécu. On détailla l'ambiance qui régnait au château. Eux se rassuraient en pensant aux trois petits chimpanzés qui avaient pu échapper au massacre. Ils avaient été emmenés dans une camionnette Renault bleue vers le cirque de Jean Richard, en région parisienne.

Lorsqu'ils quittèrent le domaine, il pleuvait encore. Éprouvés par la journée qu'ils venaient de traverser, les deux vétérinaires s'arrêtèrent dans une auberge à Sarlat. Leur sommeil fut traversé de cauchemars. Ils avaient conscience qu'ils n'avaient pu remplir correctement leur mission. Quelles possibilités s'offraient à eux ? Ils avaient procédé au mieux, impuissants face à une situation impossible à résoudre. Un sentiment de solitude les saisit. Ils se moquaient bien des commentaires ultérieurs qui paraîtraient dans les journaux. Ils n'étaient ni politisés, ni influencés par je ne sais quelle caste. Ils s'étaient retrouvés dans un monde qui leur était étranger. Se voir offrir un exemplaire des *Mémoires d'un magnétophone* leur aurait permis de comprendre la folie qui s'était emparée du lieu. Ils en avaient aperçu une pile d'exemplaires dans l'imprimerie-grange sur le chemin vers la cage de Zaza. Une récompense pour ce travail qui n'a jamais été rémunéré ?

Quarante-cinq ans après, Marie-Christine Ferré a fait le voyage d'Italie. Elle leur en a offert une copie. Elle rencontrait alors ces témoins d'un épisode douloureux, impossible à cicatriser, de cette vie qui fut la sienne aussi. Elle avait gardé les animaux. Aujourd'hui, elle reste un des derniers liens avec Perdrigal. Les vétérinaires lui ont parlé de leur amour des bêtes. Ils lui ont également témoigné leur regret que le maître des lieux ne se soit pas trouvé là au moment des événements. Son autorité eût pu prévaloir, pensent-ils.

Léo se mit en route dès qu'il fut prévenu de l'hécatombe. Perdrigal était un champ de ruines. Une pelle mécanique avait creusé un grand trou. Ses « amis » avaient été jetés là, comme à la fosse commune. Les autres, moutons, ânes, chiens et chats, avaient été confiés à des fermiers du voisinage. Pénétrer dans le château était au-dessus de ses forces. Il ne le fit pas. Et il n'y retournerait jamais, se contentant plus tard, en compagnie de proches, d'observer le château de l'extérieur. Il se pencha au-dessus du trou. Le 8 avril 1968 était un lundi. Rien ne subsistait de sa vie d'avant. Madeleine était partie. Pépée gisait dans le trou.

Dès lors, chaque évocation de Pépée réveillerait sa douleur. Au *Pop Club*, animé par José Artur au Bar Noir d'où l'émission de France Inter était diffusée la nuit en direct, il suffisait qu'un spectateur y fasse allusion pour que Léo se mette à pleurer. Il ne s'agissait pas de ces humidités qui vous prennent au moindre courant d'air. Les larmes étaient bien réelles. Jusqu'à la fin de ses jours, lors de ses balades quotidiennes avec son chien Seigneur, un berger allemand qui l'accompagnerait désormais dans ses chemins d'inspiration, le souvenir continuerait de le hanter. Pépée toujours était là, avec Zaza, célébrée à l'heure de partir dans son dernier projet en cours, *Métamec*. La couverture de l'album évoquait Léo en singe.

Jusqu'au dernier moment, il n'avait pu imaginer l'inconcevable. Aurait-il pu l'éviter ? Quelque chose pourtant l'avait empêché de revenir. À Perdrigal, Madeleine pressentait aussi qu'elle ne le reverrait pas. Ils ne fêteraient pas ensemble ses quarante-quatre ans. Après avoir tant donné, tant reçu également, Madeleine avait finalement accepté l'évidence. Léo revenait toujours, il était toujours revenu, il reviendrait forcément. Sauf là. Chaque jour à attendre avait confirmé cette vérité insupportable. Cet amour, qui s'était éteint, soudain ranimé au profit d'une autre, lui échappait. Impossible d'espérer. Pépée gisait au fond d'un trou. Il ne leur resterait donc plus que la haine à partager ? Ce sentiment avait toutefois ses vertus. Il permettrait de maintenir le lien, de prolonger le dialogue qui n'avait pas eu lieu avec Léo, comme l'*ostinato* d'une histoire placée sous le signe de la passion. C'est ce qu'elle se disait, c'est ce qu'elle croyait. Ne s'étaient-ils pas mariés sous le régime de la communauté de biens universelle ? Tout ce qui était à l'un revenait à l'autre, chaque chute, chaque blessure, chaque plaie égoïstement tue. *Sans toi, je me serai tu.* Comme Aragon s'adressant à Elsa, il ne manquait plus à cet amour foudroyant qu'une lettre. La mort par personne interposée donnerait à leur histoire un semblant d'éternité. Ce deuil inextinguible raviverait le souvenir. Un souffle, et la braise rougeoirait de nouveau. Ainsi s'appartiendraient-ils à jamais. Même au plus profond du désespoir, le geste de Madeleine, quoique contraint, lui permettrait de continuer à avoir le dernier mot. Elle avait jadis expédié par la fenêtre les vêtements de ses amants révolus. Ainsi avait-elle décidé du sort des hommes sur lesquels elle avait jeté son dévolu avant de les congédier. Pour Léo, ce serait pareil. Mieux qu'un point final, que Léo n'avait su mettre à leur histoire, elle choisissait les points de suspension.

Par cet acte ultime, fou, suicidaire, cette femme, qui avait accompagné, dompté ce génie complaisant, lui offrait le plus beau cadeau qui se puisse pour un artiste. Le sang des animaux procurerait à Léo la souffrance qui lui avait toujours manqué. Madeleine avait mis les pieds dans le plat du plus intime. Cette blessure ne pourrait que réveiller les autres, tues, ignorées, enfouies. Madeleine avait guidé sa main. Un pacte faustien s'établissait désormais entre eux, qui achevait, dix-huit ans après leur rencontre, d'accoucher l'artiste que le destin avait un jour mis sur la route de Madeleine. Ce 7 avril 1968 s'étaient entrouvertes les portes d'une sacristie maudite. Son visage à elle reviendrait en surimpression de ses chansons à venir, comme les yeux qu'il avait craint de croiser, au moment de s'enfuir de Perdrigal, dans son rétroviseur. En délivrant l'enfant tourmenté qui avait pris le visage de Pépée, Madeleine lui permettait d'exorciser la pire des rémanences tout en préservant le peu d'innocence qui demeurait en Léo. Il n'aurait dès lors plus d'autre voie que la rédemption, une souffrance faite indulgence. Les fêlures font entrer la lumière. Pour continuer à vivre, il n'aurait plus le choix désormais que d'aimer, comme il ne l'avait encore jamais fait, en donnant jusqu'à s'oublier. Sur ce point, la jeunesse ne le contredirait pas.

MATHIEUSALEM

Elle ne bougeait pas de la chambre d'hôtel où il l'avait déposée le matin même. Quand c'est pour la vie, on peut bien attendre quelques heures de plus... À cinq heures, elle avait pris, comme il le lui avait demandé, un train à Gourdon pour Toulouse. Deux heures plus tard, il l'avait accueillie à la gare pour l'amener à ce petit hôtel de Caussade où il avait dormi autrefois après un concert. La patronne lui inspirait confiance. Le moteur tournait devant l'hôtel, tandis qu'il lui indiquait les dernières recommandations à suivre. Si on te demande tes papiers, tu ne les présentes pas. Sous aucun prétexte. Tu expliqueras qu'on doit te les apporter ce soir. Je serai là.

Marie-Christine avait écouté, impassible. C'est lui qui tremblait. Dans quelques jours elle atteindrait la majorité, qui était de vingt et un ans à l'époque, mais pour l'heure elle était encore mineure. Fallait-il que l'amour soit transgressif pour en éprouver l'entière ivresse ? Fallait-il défier les lois des hommes, affirmer ses sentiments envers et contre tout pour en goûter le divin nectar ? Ses barricades à lui se prénommaient Marie-Christine. Il prenait d'ailleurs un sacré risque. Même si, plantureuse, voluptueuse en diable, elle faisait déjà très femme, comme toutes devraient l'être au lieu des Modigliani qu'on nous sert à longueur d'affiches, l'approcher relevait du détournement de mineure. Léo Ferré risquait la prison.

Depuis longtemps, elle avait appris à intérioriser la peur. Quand elle la sentait monter, elle n'esquivait pas, elle l'appréhendait comme une entité familière, la partie intégrante d'un langage à apprivoiser. Née le 25 avril 1947 sous le nom de Maria Cristina Diaz à l'hôpital provincial de San Sebastian, Marie-Christine Diaz n'était pas une petite chose vacillante. Ses parents avaient fui l'Espagne franquiste alors qu'elle n'avait que vingt et un jours. Une longue marche de nuit leur avait permis de franchir les Pyrénées orientales. Marie-Christine tétait au sein de gens qui n'avaient plus rien d'autre qu'une chemise sur la peau. Leurs affaires avaient fini dans un ruisseau. Ils avaient dû ainsi se délester pour se fondre dans le décor. Les fuyards se faisaient passer pour des locaux en goguette. Quand, en chemin, la *guardia civil* leur intima de se plier au salut franquiste, la mère s'appuya sur le bébé pour échapper à l'humiliation suprême d'honorer la figure du dictateur : Comment voulez-vous que je salue avec un bébé dans les bras?! On n'ose imaginer ce que cet acte d'incivisme eût valu à l'impétrante en d'autres circonstances. Depuis, un parfum insurrectionnel accompagnait Marie-Christine, qui ne pouvait que fasciner Léo. Jusque-là, tout ce qu'il avait d'espagnol résidait dans une chanson, *Le flamenco de Paris*. Là, Marie-Christine venait d'un monde qui lui était inconnu, lui le fils de bourgeois monégasque, éternel sursitaire qui n'avait en réalité connu la faim et la guerre qu'en sursitaire. Il avait toujours eu de quoi se payer un billet retour. Elle lui offrait un aller simple.

Lorsqu'elle fut engagée à Perdrigal, l'école venait de se terminer pour elle. À seize ans, Marie-Christine pensait encore retourner en Espagne. Ses parents, journaliers dans une ferme près de Gourdon, l'en avaient dissuadée. Depuis la guerre civile, le père ne voulait plus entendre parler de l'Espagne. Un jour, une femme du village leur apprit que, là-haut, au château, on cherchait pour aider. L'Espagne, Marie-Christine aurait toujours le temps. C'est ce que lui dirent ses parents. Ils insistèrent pour qu'elle accepte ce travail. Résignée, elle se présenta. Léo Ferré ? Jamais entendu parler. Chez les journaliers espagnols, il n'y avait pas de tourne-disques. On ne retenait que les airs de Dalida ou Tino Rossi que diffusait la radio. Finalement pour Marie-Christine, il n'y eut pas d'Espagne. Elle resta à Perdrigal. Combien de fois pourtant songea-t-elle à rendre son tablier ? Quelle vie... Elle n'avait jamais assisté à de telles engueulades. Elle pensait que les gens vivaient ensemble, tout simplement. Pourquoi ces claquements de portes ? Ces cris ? Son patron pourtant paraissait touchant. Chaque jour, il la retrouvait pour se confier. Il ne souhaitait que le silence de sa musique. C'est ce qu'il lui disait. Elle écoutait, une taiseuse, comme toujours, comme aujourd'hui encore. L'amour est né ainsi, progressivement, voué à se renforcer avec le temps. Elle avait toute la vie devant elle ; lui aussi, d'une certaine façon. L'horizon s'étendait soudain. Et aussi vrai que Madeleine portait un prénom de pécheresse, elle se prénommait Marie-Christine. Facile à retenir : Marie comme la Sainte Vierge, Christine comme le Christ. Et, signe de la providence, son père à elle s'appelait Jésus. Ça l'amusait, Léo, dont le père se prénommait Joseph.

Jésus et Jeanne Diaz habitaient un village, Ciudad Rodrigo, dans la vieille Castille. Au printemps 1947, ils se décidèrent à quitter leur province de Salamanque, à la frontière du Portugal, pour se rendre en France. Jeanne, enceinte, était sur le point d'accoucher. Avec Jésus, elle se disait qu'il serait bien que leur enfant naisse là-bas. Il acquerrait la nationalité française. C'était un pays que connaissait bien Jésus. En 1929, à l'âge de quatorze ans, il avait vécu durant sept ans à Paris. Son père était allé y chercher fortune, comme jadis il avait tenté sa chance à Buenos Aires. À son retour, les gens du village l'avaient baptisé le Français. La guerre civile éclata. Du Français, on passa au Communiste. Rien de fraternel n'émanait de ce surnom. On savait ce qu'il advenait des communistes. Dévouées à Franco, les milices nationalistes les embarquaient la nuit à bord de mystérieuses voitures fantômes. Généralement, on ne les revoyait plus. Jésus était un des enfants du communiste.

La guerre fut déclarée en 1936. Jésus avait vingt et un ans. Il fut le premier des six enfants Diaz à être mobilisé. Rapidement blessé, il fut fait prisonnier. Durant vingt-deux mois, la gauche négocia pour le faire sortir et lui procurer des papiers. Chaque homme arraché aux forces de la droite sonnait comme une victoire. À sa sortie, sa tête fut mise à prix. Jésus se défendait pourtant d'être politisé. Mais effectivement, maintenant, il appartenait à l'autre camp, lui le fils du Communiste. Ainsi condamné, il vécut durant cinq ans caché. Même sa famille n'aurait su dire où il se trouvait. Finalement, en 1942, il rentra à son village. L'année suivante, il rencontra Jeanne à un bal. Ses cheveux d'un noir ondulé très épais lui tombaient à la nuque. Jésus n'avait pas été insensible à son charme. Il l'avait dit. Jeanne avait rougi en l'apprenant. Elle n'avait jamais connu d'homme. Trois ans plus tard, ils se mariaient. Ses parents à elle, cultivateurs, possédaient des prés; ses parents à lui, une vaste propriété avec des vaches, du blé, du maïs, des pommes de terre, des melons. Jésus aidait à la ferme, cloîtré dans son mutisme. Le blessé de guerre ne voulait plus entendre parler de son pays. Et il ne l'évoquerait d'ailleurs jamais plus. Jeanne avait vingt-cinq ans; Jésus, trente-deux ans. Ce matin de printemps 1947, ils dirent au revoir à leurs parents respectifs. Jésus aurait pu dire adieu. Il ne reverrait plus les siens. Lorsque, en 1975, après la mort de Franco, il aurait pu revenir au pays, ses parents étaient morts depuis bien longtemps déjà.

Un bus se prenait à dix heures à Castillas en direction de San Sebastian. Jeanne et Jésus grimpèrent dedans. Une journée et demie plus tard, après 500 kilomètres de route, le bus arriva à San Sebastian. Il était dix-neuf heures. Une réserve d'argent leur avait permis de payer un passeur et de soudoyer les carabiniers aux points de contrôle. À la descente du bus, Jeanne et Jésus empruntèrent un taxi et entamèrent leur marche dans la montagne pour passer la frontière. Afin de s'assurer la plus grande discrétion, ils se mêlèrent à un groupe de femmes vêtues à la traditionnelle, avec de grands volants et des foulards sur la tête. Mais au niveau d'Hendaye, dernière ville avant la frontière française, ils furent repérés. Ils jetèrent toutes leurs affaires dans un ruisseau. Ils prétextèrent une promenade de santé et firent demi-tour.

En définitive, Jeanne dut accoucher à San Sebastian. Contrairement à leur souhait, l'enfant ne put naître sur le sol français. Jeanne resta immobilisée à l'hôpital. Trois semaines plus tard, les deux migrants reprirent leur projet. À dix-sept heures, ils entamèrent une nouvelle longue marche dans la montagne. Sept heures plus tard, à minuit, ils retrouvaient la frontière, où ils avaient déjà dû rebrousser chemin. Des cordons de policiers se déployaient tous les 400 mètres. Le passeur négocia, un douanier accepta de fermer les yeux. Ils purent fouler le sol des Pyrénées françaises. Maintenant, vous êtes en France, leur dit le passeur, je ne suis plus responsable de vous. Jésus, épuisé, ne pouvait faire un pas de plus. Ils s'arrêtèrent là. Le lendemain, quand le jour se leva, ils découvrirent un barrage électrique, dressé à quelques mètres devant eux...

Une femme en charrette, descendant vers Saint-Jean-de-Luz, leur proposa d'emmener la dame et l'enfant. Jésus et Jeanne se promirent de se retrouver sur le pont de Saint-Jean-de-Luz, qu'ils ne connaissaient bien évidemment pas. Jeanne ne parlait pas un mot de français. Des heures durant, allaitant son bébé, elle attendit son mari. Jésus finit par arriver. Jeanne souffrait à la jambe. Ils allèrent à l'hôpital avant de se rendre au poste de police. « Vous venez pour quoi ? Gagner votre vie ? Faire de la politique ? demanda le gendarme. — Non, monsieur, je suis espagnol, j'ai fait la guerre et j'en ai jusque-là ! répondit Jésus. — Mais vous savez que si vous vous déclarez politique, vous pourrez rester ici... — Non, je parle français, je veux travailler, insista l'Espagnol. — Entendu, conclut le gendarme. Votre dame ira donc à l'hôtel et vous resterez quelques jours ici. »

Ils furent transférés à Bordeaux, dans un des camps de transit que comptait la région du Sud-Ouest pour les réfugiés de la guerre d'Espagne. Jésus, parlant français, fut affecté dans un bureau d'interprète. Le camp regorgeait d'une main-d'œuvre bon marché. Une femme leur proposa un emploi agricole. On n'avait besoin que de l'homme. Jésus traversa cependant la France avec sa femme et son bébé. Ils atterrirent dans une ferme, où ils restèrent un an. Jeanne trayait les vaches, s'occupait du beurre, nourrissait poules et cochons, tandis qu'une vieille femme s'occupait de Marie-Christine. Au terme du contrat, ils louèrent une ferme pour l'exploiter eux-mêmes. Jésus s'y attelait dix jours par mois. Les dix autres jours ouvrables, afin de bénéficier des prestations sociales, il travaillait dans une laiterie près de Gourdon, où il préparait de la fontine. En 1951, ils louèrent encore une autre ferme. Après sa journée à la laiterie, Jésus trayait, s'occupait des pommes de terre au fond du champ et nourrissait les lapins avec l'herbe que sa femme lui avait préparée l'après-midi. Ils vécurent ainsi. Jeanne lui donna sept autres enfants. Les parents de Jésus moururent. Ceux de Jeanne continuèrent de vivre. Elle put les revoir. Le temps passa encore. En 1986, ils devinrent enfin propriétaires de leur ferme.

Au petit hôtel de Caussade, Marie-Christine obéit aux recommandations que lui avait faites Léo. Lorsque la dame de l'hôtel lui demanda ses papiers, elle refusa de les présenter. Les flics furent appelés. Marie-Christine les accompagna au commissariat. Elle livra son nom, celui de ses parents, indiqua où son père travaillait. Les gendarmes le contactèrent à sa laiterie de Gourdon. Aux policiers, elle avait expliqué qu'elle était de passage, en transhumance vers l'Espagne. Jésus ne contredit pas le témoignage de sa fille. Sa relation avec un homme qui eût pu être son père — Léo avait à peine un an de moins que Jésus Diaz — eh bien, il l'avait acceptée, comme sa femme d'ailleurs. Tout juste ces parents ouverts d'esprit avaient-ils mis leur fille en garde contre l'hypothèse d'une passade chez un homme, artiste de variétés, peut-être saisi du démon de midi. Ayant eu réponse à leurs questions, les policiers laissèrent la jeune femme rentrer à son hôtel, où elle continua d'attendre. Dans la soirée, Léo débarqua. L'hôtelière fut surprise. Elle s'excusa. Oh, si j'avais su... Elle aurait dû me dire. Oui, mais Marie-Christine était déjà comme aujourd'hui, une parole faisait qu'on s'y tenait.

Bien longtemps auparavant, à l'été 1938, Léo devait partir

en vacances avec ses parents en Italie chez un ami de son père. La veille du départ, ses parents l'avaient chargé de confier les oiseaux de la famille à une tante prénommée Madeleine, Magdalena Kost, épouse de son grand-oncle italien. Elle habitait sur le Rocher. Sur le chemin du retour, Léo s'arrêta sur la place du Casino de Monte-Carlo. On dansait au Café de Paris. Une conversation s'engagea avec une jeune fille. Tu viens à Monaco, comme ça, l'été? s'enquit Léo. Soudain une ombre apparut. Il était vingt-deux heures. Son père venait le chercher. Léo avait vingt-deux ans! D'un regard accompagné d'un geste du doigt, le père indiqua à son fils le chemin à suivre. Allez, shsst! à la maison! Docile comme un toutou, le fils abandonna la fille et suivit son paternel. Toute sa vie, il s'en voudrait de s'être soumis à ce regard. Cet épisode continuerait de le hanter. Le père savait y fairc. Il dressait avec les yeux!

Léo n'avait plus vingt-deux ans. Dans l'espoir annonciateur du printemps de Mai 68, une fenêtre s'entrouvrait cependant. Au côté de Marie-Christine, Léo se plaisait à vivre l'insouciance qu'il n'avait eu l'heur de goûter. Pour la première fois peut-être, un espace vierge s'offrait à lui. Jusque-là, son existence, pourtant de saltimbanque, ne lui avait laissé aucune respiration. Du pensionnat à ses deux mariages successifs, il n'avait jamais eu le temps de flâner. Ses moments de rêverie avaient dûment été régis sous le coup des tampons administratifs. Là se trouvait une fille, qui ne demandait rien d'autre qu'on honore sa jeunesse. Faire la route ne l'effrayait pas, au contraire. Se faire enlever par un prince charmant, enivrant jeu de colin-maillard, les yeux bandés vers cet inconnu que l'on nomme l'amour faute d'en savoir plus, toutes les filles n'en rêvent-elles pas un jour? Marie-Christine Diaz ne dérogeait pas à la règle. Elle que l'on ne connaît guère aujourd'hui que chaussée de lunettes demi-lune à vérifier la comptabilité de son exploitation agricole portait au cou un foulard de jeune révolutionnaire. Comme sa mère, elle n'avait pas connu d'homme avant celui qui allait remplir sa vie, assez apparemment pour qu'elle n'éprouvât pas le besoin, après sa mort, et bien qu'elle n'eût que quarante-six ans, d'en rencontrer d'autres...

À vingt ans, les perspectives s'ouvraient pour elle ; à cinquante et un ans, elles s'inversaient pour lui. Son innocence l'émerveillait. Il l'initiait à la vie. Il avait tellement attendu ce moment. Il n'avait pu la toucher jusque-là. Et elle le débridait, le dépliait, l'épanouissait, le réconciliait avec ce corps qu'il connaissait finalement si peu. En même temps, elle lui offrait cet îlot qu'il avait secrètement espéré sans se l'avouer vraiment. L'horizon familial se redessinait avec Marie-Christine. À la tête d'une fratrie de huit enfants, autant de frères que de sœurs, Marie-Christine comptait une famille aussi nombreuse que celle de Marie-Charlotte, la mère de Léo. Avec sept frères et sœurs, la jeune Marie-Charlotte Scotto avait séduit un orphelin, son mari, Joseph Ferré. À l'âge de Léo, il n'était pas trop tard pour découvrir cette facette de la vie. Bienheureux qui peut en explorer l'infinité. Marie-Christine n'espérait rien en retour. C'est justement ce qu'il attendait d'une femme. Il lui offrait cependant le plus beau des cadeaux, à elle, la fille de réfugiés espagnols. Un passeport. Vingt ans après avoir foulé le sol des Pyrénées françaises, la famille Diaz se voyait accueillie par l'un des plus illustres représentants de la langue française. Quel modèle d'intégration ! Comme un chef d'orchestre qui déclenche des sons, Léo se plaisait à cette idée qu'il pouvait d'un geste de la main modifier le cours du destin d'une famille tout entière.

À l'heure où le quotidien des stars est cerné de toutes parts par des mouchards aussi gros qu'une puce électronique, il semble inimaginable qu'un artiste de la stature de Léo Ferré ait pu se soustraire durant plusieurs mois à la vigilance des paparazzis. Ainsi pourtant vécut-il les premières années de son idylle avec Marie-Christine. Ensemble, ils partirent sur les routes de France sans savoir où ils dormiraient le soir même. Chaque jour, la route se dépliait devant eux comme un ruban. Ils s'arrêtaient dès qu'un hôtel s'imposait. Ils sillonnaient la Lozère lorsqu'ils découvrirent un village à leur goût. Aumont-Aubrac paraissait un cocon à l'abri des regards, à peine une place pour se garer, idéal pour deux solitaires au cœur tendre. Ils y restèrent peut-être trois mois. Ils reprirent la route. L'Ardèche leur tendit les bras.

En juillet 1968, par le biais de Jean-Pierre Chabrol, un ami, ancien résistant encouragé par Aragon à poursuivre dans sa voie littéraire, le couple en cavale découvrit Cubagnac, un hameau aux environs de la commune de Joyeuse. Jean-Pierre Chabrol leur avait indiqué le contact d'une femme qui pourrait les aider à se loger. Mme Costes était antiquaire. Sous l'escalier de sa maison de Cubagnac se trouvait effectivement un écriteau « À louer ». Une chaleur étouffante régnait ce jour-là, lorsque Léo et Marie-Christine visitèrent la maison de location. Engoncée entre deux vallées, la demeure leur parut lugubre. L'herbe avait depuis longtemps oublié d'être coupée. Des corbeaux tournaient dans le ciel, menaçants. Le couple déclina l'offre. Léo demanda néanmoins si la dame n'avait pas autre chose à proposer. « J'ai bien une maison, répondit l'antiquaire, mais nous la retapons, mes filles et moi. — On pourrait peut-être la visiter ? insista Léo. — Si vous voulez, et dans un mois je vous la loue. » Marie et Léo venaient de trouver leur Larzac. Après quelques mois de location, Léo acheta la maison. Car, même s'il lui arrivait de les abandonner, Léo Ferré finissait toujours par acquérir les maisons qu'il habitait.

Pendant que Léo sillonnait l'Ardèche, Madeleine s'était lancée à sa recherche. Quelques jours après y avoir été admise, elle était sortie de sa clinique de la région parisienne. Après avoir envoyé son plateau-repas au visage d'un infirmier, Madeleine était partie retrouver la trace de celui qui demeurait son mari. Il restait cependant difficile à localiser. Madeleine se résolut alors à contacter leurs anciens amis. Elle écrivit d'abord à Arlette et Jacques Putseys.

Léo et Madeleine avaient connu ce couple de Belges à l'Alhambra en 1961. Les Putseys avaient emprunté pour venir à ce spectacle à Paris. Les femmes sont le meilleur atout des chanteurs. Ce sont elles qui traînent leur mari au spectacle. Les séduire est un gage de réussite. Depuis l'adolescence, Arlette nourrissait une passion pour Léo Ferré. Au grand étonnement de ses copines, elle lui trouvait une belle tête d'homme. Surtout, il y avait cette voix au voile jeté, qui possédait la persistance d'un alcool long en bouche. Ses amies se trouvaient contraintes à sa marotte : Arlette ne possédant pas de tourne-disques, elle n'avait d'autre choix que de s'inviter chez elles pour utiliser leur appareil. À chaque changement de face, elle s'engouffrait dans la brèche et passait *Le temps du plastique* ou bien *L'amour*. Un orgue seul servait d'accompagnement. Quelle austérité... Et ce visage... Que lui trouves-tu ? s'entêtaient ses copines. Arlette persistait. Se doutaient-elles, ses perfides confidentes, qu'une fois rentrée chez elle, Arlette consolait son chanteur maudit de bisous posés à même la pochette des disques. Les traces de rouge à lèvres, c'était donc ça ? Léo aurait été heureux de l'apprendre, lui qui sautillait chaque fois qu'un mot doux lui revenait à la faveur d'un autographe. T'as entendu ?! T'as entendu, Madeleine ?! Il n'en revenait pas qu'on puisse l'aimer de la sorte.

À l'automne suivant, les Putseys revinrent à l'ABC. Ils revirent Léo au Théâtre 140, à Bruxelles. Enfin, à Amsterdam, l'amitié s'établit. Arlette était dans ses petits souliers. Certes, elle avait grandi. Elle s'était mariée même. En elle vibrait toujours l'adolescente troublée par cette voix remplie de tant d'émotions contraires, des graves voluptueux qui tonnaient dans *Merde à Vauban* avant de vibrionner dans *Jolie môme* et de s'épanouir dans *Paname*. Léo brisa la glace. Bon, c'est fini de m'appeler Monsieur ; moi, c'est Léo ! Arlette et Jacques l'appelèrent donc Léo. Des vacances furent organisées dans le Lot. Et dès que Léo se produisait à Bobino, Arlette et Jacques étaient conviés au Petit Pershing. Il était encore prévu qu'ils passent l'été 1968 au Guesclin. Ce séjour n'eut jamais lieu. Quelques semaines plus tôt, une lettre leur était parvenue en Belgique. Les Putseys ne s'y attendaient pas. Ils s'en trouvèrent catastrophés. Le courrier courait sur vingt et une pages. Madeleine expliquait le drame. Elle donnait sa version des faits. Elle se justifiait d'avoir tué Pépée. Voilà, écrivait-elle, Pépée a chuté d'un arbre, s'est blessée, la gangrène s'est mise là-dedans. Pépée était dans un tel état... Madeleine évoquait le sort des autres animaux, mais revenait toujours à Pépée. Madeleine expliquait que Léo la quittait. Il ne reviendrait pas. Aucune mention de l'engueulade qu'ils avaient eue à Souillac. Arlette et Jacques, d'ailleurs, n'étaient pas au courant. Ils ne l'ont apprise que par la suite...

— À travers cette lettre, Arlette, aviez-vous l'impression que Madeleine se remettait d'un coup de folie ?

— Oui, je pense qu'elle a éprouvé cela lorsque Léo est parti, convient Arlette. Les animaux vivaient encore. Léo s'est rendu à son concert. Sur le chemin du retour, il a téléphoné. C'est là que Madeleine lui a dit : Si tu rentres, tu fermes ta grande gueule. Et il n'est pas rentré. C'est ce que Léo a toujours affirmé... Dans cette lettre, Madeleine voulait que nous ayons sa version des faits. Elle se plaçait dans un rôle de victime. Mon mari et moi, nous nous sommes consultés. Il faut que Léo lise cette lettre. Si ça peut faire quelque chose... Léo passait alors à Saint-Malo. Mon mari est allé lui porter la lettre. Ça n'a évidemment rien arrangé.

— Pensez-vous que Madeleine comptait sur vous pour se raccommoder avec Léo ?

— Il y avait peut-être effectivement un calcul de sa part. Mais le plus important, pour mon mari, était que Léo soit au courant. Léo a alors demandé : Pourquoi Madeleine vous écrit-elle ? Après cette lettre, nous avons revu Madeleine, boulevard Pershing. Elle semblait se remettre. Elle avait effectué une croisière sur le Nil, peut-être même avait-elle déjà quelqu'un d'autre dans sa vie... Entre-temps, Léo avait chanté à Bruxelles. En passant à la maison, il m'avait offert une bague, une topaze. Il souhaitait me faire un cadeau. À Paris, Madeleine m'avait alors demandé d'un ton amer : Ça va, Léo ? Toujours gentil avec toi ? Je lui ai répondu : Oui, il voulait absolument m'offrir une bague. Elle a envoyé un télégramme à Léo : Cesse ton cirque avec Arlette. Léo nous a alors demandé : Qu'êtes-vous allés lui raconter ? Là, il nous a demandé de choisir entre elle et lui. Il craignait qu'on soit manipulés.

Arlette et Jacques Putseys cessèrent de voir Madeleine. Ils en furent attristés. Madeleine et Léo symbolisaient le couple fusionnel par excellence. Pour beaucoup, ils évoquaient Elsa et Aragon. L'image s'était brisée. D'autres amis ont rompu les liens. À leur tour, les Grooteclaes reçurent une lettre, mais d'insultes. Madeleine ne comprenait pas. Cet éloignement soudain représentait pour elle une trahison. À Ninette, toujours inféodée à son autorité, Madeleine ne manquait pas de rappeler les signes de leur amitié passée. Lorsque Ninette s'était trouvée enceinte, Madeleine ne lui avait-elle pas offert, en plein hiver, des cerises achetées chez Hédiard ? Une fortune ! Ninette pouvait de son point de vue se rappeler les coups d'éclat permanents qui justifiaient qu'elles ne se voient plus, cette manière toujours violente, volubile, de parler. De s'emporter. Ninette pouvait se rappeler, comme cette lettre en témoignait encore, la façon dont Madeleine se montrait toujours trop passionnée, extravagante, présente. Madeleine était sûre de son pouvoir. Au moment de choisir, comme pour tous les couples qui se séparent, ces impressions revenaient à la surface. Ninette se souvenait bien de la manière dont Madeleine martyrisait Léo en public. Parfois, elle aurait mérité qu'il lui réponde. Face à quelqu'un d'hystérique, de surcroît sous l'effet de l'alcool, répondre aurait pu s'avérer plus dramatique encore. Léo souhaitait que la pression redescende. Il voulait que tous puissent aller dormir. Il l'avait dit à Madeleine. Il n'en pouvait plus. Elle n'entendait pas. Elle ne voulait pas entendre. Pourtant, le dresseur l'avait prévenu : Si c'est pas vous le patron...

Il avait quitté Perdrigal avec trois fois rien, quatre chemises et deux pantalons. Ses livres, de droit et de musique, qu'il tenait pour lectures exclusives, son Steinway de concert à demi-queue, ne lui étaient plus accessibles. Il se retrouvait privé de son outil de travail. On l'en privait. Combien lui sera-t-il difficile de retrouver ses biens après le divorce avec Madeleine. Le matériel, pour sa future ex-femme, permettait de maintenir le lien. Pourquoi sinon a-t-elle si longtemps refusé de lui restituer cette montre offerte pour sa communion solennelle qui se trouvait boulevard Pershing ? Quel intérêt de garder cette breloque qui n'avait d'autre valeur qu'affective ?

En le punissant, Madeleine avait oublié une chose. Cet homme était un cow-boy. La littérature naviguait en lui. Il était une bibliothèque à lui seul. Ainsi pouvait-il partir de chez lui les mains dans les poches, abandonnant son imprimerie payée en leasing et ses voitures achetées d'occasion. Sa vie d'artiste n'en continuait pas moins. Se retrouvant au point de départ, à la croisée des chemins d'avant sa rencontre avec Madeleine, il reprenait encore plus démuni le cours de sa vie. Sa vie d'artiste. Déjà Odette lui avait appris à repartir avec sa couverture et son caillou dans sa chaussure.

Vingt ans séparaient ces deux ruptures qui se répondaient en écho.

En Ardèche, Léo loua un piano droit. L'encre coulait. Il chanta. Tout lui venait, tout lui revenait. Il assemblait par bribes des chansons, esquissées la nuit. Elles reposaient, il les reprenait, plusieurs écrites en même temps. Enfin, le ciel s'entrouvrait. Madeleine pouvait le priver de ses livres et de son piano, il regoûtait enfin au silence. L'outil devenait accessoire. Il découvrait cela. Sur son instrument de location, il délivrait la parole du vent, le chant des anonymes, qui se moquent bien du dernier matériel à la pointe pour valider la teneur, la densité d'un propos. Plus que jamais, il avait à dire. Pour la première fois, il écrivait ce que l'épiderme lui transmettait. C'est donc sur ce petit piano droit de location qu'il composa ces chansons, ses premières grandes chansons, celles qui explorent la chair du chant amoureux, ramenées à l'essentiel d'émois, d'émotions, de sensations universels. Il n'était plus dans le commentaire de l'actualité. Le sentiment à l'état pur le gagnait, délesté du superflu, des effets à la mode, du franglish. Aragon se prétendait pensé. Lui se sentait dicté. L'amour le faisait poète. Le mot, dès lors, traversera toute son œuvre, de manière éclatante, foisonnante, rempli d'une sève qui sentira le foutre des kilomètres à la ronde.

« Et n'oublie pas : en faisant l'orchestration, tu te branles ! TU TE BRANLES ! »

Jean-Michel Defaye est rouge pivoine lorsque Léo le hèle ainsi devant le théâtre de Bobino. Le chanteur est venu répéter, des chansons plein son paquetage. Pourquoi Léo a-t-il attendu de se retrouver dehors, en pleine rue de la Gaîté, pour interpeller de la sorte son fidèle arrangeur ? Jean-Michel Defaye avait déjà parcouru quelques mètres. Tout le monde aurait pu entendre ! Léo aurait pu y penser avant. Il le lui avait pourtant déjà dit. Cette apostrophe était une piqûre de rappel. Elle nous donne une indication très précise sur le premier gros tube de l'ère Marie-Christine. La chanson, une première dans l'œuvre de Léo Ferré, est d'une sensualité à se damner. Bientôt, effectivement, l'envie de se branler ne prendra pas seulement le chanteur et son arrangeur. Toute une génération y projettera ses rêves de jambes fuselées.

Quelque temps avant les répétitions à Bobino, Léo a posté à son arrangeur une feuille cartonnée laissant entrevoir la partie haute d'un chimpanzé. Les mots *C'est extra* sont encadrés. À l'encre, Léo a annoté : « C'est *la chanson* dans le vent. Il faut un arrangement dans le style des Beatles ou des

Moody Blues (voir *La nuit de satin blanc*). C'est très très important. » En dessous se trouvait une indication sur la chanson *L'idole,* destinée à figurer sur le même disque : « Je n'ai pas besoin de te faire un dessin. TRISTE... genre *Elsa* d'Aragon. » Le tout se conclut par un amical : « Voilà. Bonnes vacances, salaud ! » Signé Léo.

Léo aurait eu l'idée de *C'est extra* sur une route entre Montpellier et Strasbourg. La radio diffusait le succès 1967 des Moody Blues, *Nights in White Satin.* Léo Ferré plaqua l'expression d'une de ses petites-nièces, Anne-Marie Choisit, une fille un peu extravertie qui n'arrêtait pas de s'exclamer : C'est extra, c'est extra. Il ne manquait plus qu'à habiller l'expression entêtée de bas haut perchés comme la corde d'un violon.

La chanson bientôt fut enregistrée au studio Hoche. La propriété de la maison Barclay, aujourd'hui devenue une salle de mariage, se trouvait à deux pas de la place de l'Étoile. Léo s'y rendait en début de soirée. Jean-Michel Defaye était à pied d'œuvre déjà depuis le matin. Vers huit heures et demie, il arrivait avec ses partitions sous les bras, ses scores, avec toutes les parties d'orchestre. La quarantaine de musiciens, rythmique, cordes et cuivres, les mêmes régies d'orchestre qui tournaient de studio en studio, attendaient le premier coup de baguette. À sept heures du matin, les chaises avaient été installées par l'assistant du studio, Dominique Samarcq. Gerhard Lehner avait testé toutes les fréquences des magnétophones. Formé durant la guerre dans les radios allemandes, l'ingénieur du son avait été chargé par Barclay de rééquiper le studio. Des deux-pistes mono, on était maintenant passé aux quatre-pistes stéréo. Le studio d'Eddie Barclay tournait aux trois-huit. Un tableau, à l'entrée, présentait le planning de la journée. Les assistants cochaient selon leurs affinités. Chacun connaissait son travail.

Jean-Michel Defaye sortait d'une nuit blanche. Son emploi du temps était si serré, durant ces années explosives de l'industrie discographique, qu'il s'y mettait toujours à la dernière minute, en urgence. Il s'organisait de la manière suivante. La nuit précédant une séance d'enregistrement, sa femme, Jacqueline, lui préparait un thermos de café. Un arrangement exigeait trois heures de travail. Généralement, Jean-Michel Defaye devait en écrire trois ou quatre pour la session du lendemain. Vers vingt et une heures, il débarquait chez son copiste. Il s'y mettait directement. Douze heures plus tard, le thermos de café, qui se présentait comme une boule de verre se réchauffant par en-dessous à l'aide d'un petit chalumeau, était vide ; le paquet de cigarettes aussi. Jean-Michel Defaye s'était inspiré des notes de travail que lui avait transmises Léo par courrier. À l'époque de Perdrigal, Jean-Michel Defaye se déplaçait même dans le Lot. Durant deux ou trois jours, il discutait avec Léo de l'ambiance des chansons, une flûte ou une modulation tonale à ajouter afin d'enrichir l'harmonie. Jean-Michel excellait dans son domaine. Léo s'en remettait entièrement à son savoir-faire. Ses courriers en témoignent, adressés à son arrangeur affectueusement rebaptisé « Jeanmiche » ou « Mon chéri ». Ils étaient amis plus que copains, croit savoir Jean-Michel Defaye. Il s'agissait d'une amitié circonstanciée dans la mesure où ils ne se voyaient qu'au moment d'enregistrer des disques. Je suis bonne pâte, pas colérique, confirme Jean-Michel. Léo a dû apprécier, lui qui pouvait s'emporter.

Ils s'étaient connus au milieu des années 1950. Léo arborait ce look d'étudiant attardé à petites lunettes rondes et béret. Defaye comptait quelques collaborations d'albums avec Boris Vian. Il était bon pianiste. Léo et lui donnèrent quelques galas. Jean-Michel effectua son service militaire. En rentrant du régiment, il s'attela au projet des *Fleurs du mal.* Baudelaire relu par Ferré, cela reste pour l'arrangeur le meilleur de leur travail coopératif.

Sur les cent cinquante chansons auxquelles il collabora, Jean-Michel bénéficia d'un pourcentage sur un tiers d'entre elles. Léo n'y était en rien obligé. À l'époque, les arrangeurs étaient payés au cachet. Et s'en contentaient. Ce n'est que plus tard qu'ils revendiquèrent leur part du gâteau. Parmi ces chansons se trouve *Avec le temps.* Plus encore que ses musiques pour le film *Pouic Pouic* avec Louis de Funès ou les séries animées *Bonne nuit les enfants,* plus encore que ses musiques contemporaines, les chansons pour Léo lui ont permis de ne pas finir dans la misère. Magie de la musique mécanique (les fameux droits Sacem). Jean-Michel Defaye loge sur les hauteurs de Saint-Cloud dans un vaste duplex offrant une impressionnante vue panoramique sur le bois de Boulogne. L'immeuble moderne de cinq étages se situe au bout d'une allée de villas cossues en pierre meulière.

Jean-Michel Defaye a arrêté la cigarette ; le café aussi. Dans les années 1960, d'épaisses lunettes en écaille lui donnaient un air british très smart. Ses cheveux légèrement crantés, avec une raie sur le côté, sont tombés. Seule demeure sa rousseur. Avec son gilet épais et sa petite bedaine, qu'on oublie rapidement pour s'attarder sur ce sourire des jeunes années, il ressemble à un vieil Anglais, aussi réservé que Léo Ferré pouvait s'avérer fantasque, aussi humble que l'artiste pouvait se rêver en Beethoven. Lorsqu'il évoque Léo, son visage s'éclaire comme une ampoule. Tout en continuant à discuter, Jean-Michel fouille dans sa correspondance. Tenez, regardez... Amusant, non ? « Je suis crevé, je m'endors sur mon score. Gros bibis. Signé

Léotin de Bobinal. » Un mot écrit lors d'un Bobino. Ou bien encore : « Chéri, écoute la face numéro 1, vachement sensuelle : *La folie.* Mets la voix dans les cordes, genre Bartók. Signé Léotin. » Mots couchés au feutre noir sur des feuilles cartonnées de couleur.

À partir de 1973, Léo n'a plus fait appel à ses services. Jean-Michel Defaye aurait aimé être prévenu... Point d'amertume cependant; cette partie du film était déjà bien. Que de bons souvenirs avec Léo, Madeleine aussi, malgré sa fâcheuse tendance à boire quand un coup de cafard la submergeait... S'il vous plaît, n'insistez pas trop là-dessus, demande-t-il. Jean-Michel Defaye est du genre à voir les bouteilles à moitié pleines plutôt qu'à moitié vides... Les rumeurs selon lesquelles Madeleine écrivait les chansons lui sont aussi parvenues. Mais il connaissait l'écriture de Léo. Les chansons lui arrivaient directement. La graphie, incontestablement, était de Léo. D'un air amusé, Jean-Michel balaie ces balivernes.

Léo arrivait au studio Hoche vers vingt heures trente. En marcel, il se plaçait devant le micro. Ça coulait tout seul : deux ou trois prises, guère plus, sans faire d'histoires. Il était évident que cet homme avait de la voix. Si seulement il avait pu s'abstenir de fumer ces Boyards à rallumer sans cesse. Une puanteur insoutenable emplissait la cabine du studio. Lorsque l'assistant préparait les attaques des bandes, l'artiste et l'ingénieur du son se retrouvaient seuls. Durant cette demi-heure de pause, ils parlaient. De quoi? Gerhard Lehner est mort en juillet 2010. Il ne pourra confier ses secrets sur Léo, ni les histoires que lui racontait Brel lorsqu'il l'emmenait dans son bimoteur voir comment le monde se portait vu du ciel...

Une fois les titres couchés sur bande, toute l'équipe du studio se retrouvait place des Ternes autour d'une bisque de homard. Les assistants devisaient. Les artistes découvraient les ragots sur la concurrence. Tu connais la dernière ? L'autre jour, Aznavour s'est pointé au studio avec son coiffeur... Il y avait des cheveux partout sous la console. Non, mais... J'ai fait une note à Barclay ! C'est quand même pas un salon de coiffure ! Il ne t'a jamais fait le coup du taxi ? Alors, là, il débarque, y'a le compteur qui tourne, il verse sa petite larme et il s'en va. Une demi-heure en tout et pour tout.

On parle de Brel qui compte arrêter. Il s'est acheté un voilier pour faire le tour du monde... Ah... Le tour du monde...

En janvier 1969, le public découvrit ces nouvelles chansons au théâtre de Bobino. Quelque chose avait changé. Le public avait rajeuni. La génération de *Paris canaille* avait laissé place à des gamins de dix-sept ans, qui s'extasiaient à l'écoute de *Pépée* et se levaient pour *Les assis* de Rimbaud. Une intensité à la Piaf gagnait Ferré. Il chantait du plus profond. Sa complicité avec le pianiste Paul Castanier atteignait des sommets de virtuosité, d'inventivité, de sensibilité, et de sens des nuances. Popaul improvisait des harmonies complexes sur un canevas d'apparence simple. Léo connaissait pourtant des trous de mémoire. Étonnant, pour qui portait toute la littérature en lui. Mais comment chanter ce qui est si proche ?

Marie-Christine et Léo entendirent pour la première fois parler de la Toscane par le technicien d'une salle de spectacle. Probablement en quête d'argent (une dette à éponger?), le type cherchait à monnayer un tuyau. À Montecatini Terme, se trouvait une maison à vendre. Bientôt, Léo, Marie-Christine, Maurice Frot et sa femme Raymonde s'y rendirent. Située à l'entrée du village, la demeure était sublime. Tout en pierre rose, elle comptait une quarantaine de pièces. Ils voulurent s'enquérir du prix. La propriétaire les détrompa tout de suite : la maison n'était pas à vendre! Ils revinrent en France. Le technicien avait disparu. Mais ils avaient vu la Toscane. L'idée de l'Espagne, un temps évoquée, fut abandonnée.

En septembre 1969, Léo et Marie-Christine s'installèrent en Toscane. Danielle, la petite sœur de Marie-Christine, se joignit à eux. La cadette avait passé l'été à Cubagnac. À dix-sept ans, elle n'avait aucun projet. Viens, plutôt que de travailler en usine, lui proposa Léo. Elle aiderait, elle tiendrait compagnie à sa sœur. Elle ne parlait pas italien, elle apprendrait. Tout comme Marie-Christine, Danielle a depuis fait sa vie en Italie. Comme Marie-Christine, elle ne sait toujours pas parler espagnol. Léo se plaisait à le rappeler. Avec Marie-

Christine, il n'avait pas seulement embrassé une femme mais une famille tout entière, et il changeait le cours de son destin. Un vrai chef d'orchestre ! En retour, les sœurs Diaz, issues d'une fratrie de quatre sœurs et d'autant de frères, lui donnaient accès à cet îlot familial dont toutes ses années avec Madeleine l'avaient privé. Dieu sait qu'il en rêvait.

La culture des jeunes filles se limitait aux bluettes entendues à la radio. Il se plaisait à en faire l'éducation. À Danielle, il offrait des livres sur Beethoven, des petites gravures. Lors des virées à Florence, il offrait à l'une des chaussures, un manteau ; à l'autre, des robes, des bijoux. Cet homme qui oubliait toujours de s'offrir quelque chose à lui-même couvrait ses proches de cadeaux. De même lui arrivera-t-il de proposer d'acheter une Porsche à son neveu Michel pour le remercier de l'avoir un jour descendu à Poggibonsi en Fiat X109 afin de récupérer au garage sa voiture tombée en panne. Aux sœurs Diaz, il apprenait à cuisiner. Léo avait hérité ce talent de sa mère. Mille recettes l'habitaient. Il prenait un livre de cuisine et improvisait, comme il lui arrivait d'ouvrir *Les fleurs du mal* et de composer comme ça lui venait, sans insister. Sa cuisine recelait de la fantaisie. On se régalait de ses tortellinis cuisinés à Noël. Sa mère préparait elle-même ses pâtes. À son tour, il transmettait son savoir-faire. Il corrigeait avec indulgence les recettes hasardeuses de Danielle : pas de vinaigre avec les poivrons ! Elle en prenait note.

Léo aimait Marie-Christine tout autant qu'il appréciait la présence de Danielle. Elle l'aidait à ranger son foutoir. Il s'en remettait à elle pour faire le ménage dans ses affaires, ôter la poussière sans perturber le mouvement désordonné de surface. Elle savait déplacer les affaires pour les remettre ensuite à leur place exacte. Il aimait sa discrétion. Comme l'explique Danielle, il est très difficile de faire le ménage dans les affaires des autres. Il le lui disait d'ailleurs. C'est ce qu'elle a appris de Léo, et qu'elle retiendra toute sa vie. Le respect consiste à ne pas chercher à s'immiscer dans les pensées de l'autre, à ne pas forcer son intimité. Un matin, elle se réveilla avec une chanson... Combien auraient aimé être à sa place...

Premières lueurs de l'aube, l'été avait encore ses couleurs... Un silence emplissait cette maison pleine d'échos. Quelle impatience ce dut être avant que quelqu'un ouvre un œil puis daigne poser un orteil sur le sol frais de la villa toscane. Danielle fut la première à pointer le bout de son nez. Léo avait travaillé toute la nuit. Aucun bruit n'avait pu déranger Danielle. Les chambres se trouvaient à l'étage, le piano au rez-de-chaussée dans une pièce isolée. Pour y accéder, il fallait traverser la salle à manger, passer devant la cuisine puis la bibliothèque. Ainsi Léo n'était-il pas déconcentré. Le bruit de l'aspirateur l'exaspérait tant... Le piano à queue noir, le Grotrian-Steinweg qui se trouve aujourd'hui, couvercle refermé, dans l'entresol de San Donatino, la fameuse pièce qu'on appelle la Moquette, était resté ouvert depuis la veille au soir.

— Viens, Danielle. Écoute ce que j'ai fait.

Elle se serait bien gardée de donner son avis. Comme sa grande sœur, Danielle ne se prévalait d'aucune connaissance dans ce domaine. Elle possédait cependant le cœur de la jeunesse qui intéressait Léo. Les premiers accords lui étaient venus la veille, sans prévenir, dans l'après-midi. Il avait commencé à travailler. Puis il était passé à autre chose, comme son habitude de travail l'amenait à papillonner, procédant par articulation de fragments, concentration, relâchement, concentration. Entre ces moments, il s'octroyait des pauses, une tête passée, un coucou, un plat à goûter en cuisine avant de se remettre à son établi. L'inspiration naît d'un moment de distraction. En bon Gepetto de la chanson, Léo savait extraire au mieux l'œuvre du bois brut sans trahir en chemin le geste initial. *Sol do la* en triolet : l'arpège débutait ainsi. Après dîner, il s'y était remis. Tandis que tout le monde dormait, Léo avait continué à peaufiner son œuvre.

Il attaque, c'est doux. Il connaît le chemin. Combien de ses chansons en portent l'empreinte harmonique avec ces canevas en mineur modal, accords de majeur septième suivis d'une sixième avec une relative mineure ? Il se place au bord du précipice et ferme les yeux. Le chant lui vient. « Avec le temps... Avec le temps, va, tout s'en va. On oublie le visage et l'on oublie la voix... » Comment est-ce, la vie en dessous ? Long ? loin ? court ? profond ? Finalement, rien n'est doux. La chanson recèle une tristesse immense. On ne peut faire plus. La chanson fait des envieux chez les mélancoliques. L'envie d'être triste saisit à son tour quand tant de beauté s'en dégage. « Avec le temps... Avec le temps, va, tout s'en va. Même les plus chouettes souvenirs, ça t'as une de ces gueules. À la galerie je farfouille dans les rayons de la mort. »

— Alors, comment t'as trouvé ? Ça te plaît ? demande-t-il à Danielle.

— C'est très beau, Léo.

— Tu verras, Danielle, ça va être un gros succès. Allez, viens, maintenant on va grignoter quelque chose.

Une faim de loup, une faim de Léo.

Ils prirent leur petit déjeuner. Chacun vaqua à ses occupations. Dans la journée, ils en reparlèrent. Danielle n'était pas certaine d'avoir bien saisi le sens de la chanson. Cela restait vague. Lui semblait si enthousiaste... Avec cette chanson, la première du genre, il se délestait d'un lourd bagage. Enfin, il se sentait plus léger. Cette chanson donnait l'illusion que le passé peut être scellé. Il suffit de le poser sur le papier. Il l'avait fait. Il était soulagé. Sa vie avec Marie-Christine pouvait commencer. Son passé avec Madeleine était contenu dans la chanson, comme autant de remparts. Sa vie passée lui était revenue en quelques minutes. La chanson racontait l'histoire d'un homme qui s'engage à trente-quatre ans dans une histoire pour se réveiller, dix-huit ans plus tard, avec l'amère impression d'avoir été floué, que ce temps-là justement lui a été volé. Un homme avait construit sa maison sur du sable. C'est ce qu'il pensait, ce qu'il croyait. Madeleine l'avait épanoui comme artiste, mais castré comme être humain. Elle ne lui avait pas donné d'enfant. L'amertume, le ressentiment avaient offert la trame de la chanson. Ils avaient rendu accessible cette corde douloureuse qu'il s'était jusque-là interdit d'atteindre. Par la duperie, le chantage, l'acte vengeur final (de son point de vue à lui), ils avaient permis de recueillir cette densité émotionnelle. Mais c'est Marie-Christine qui en donnait le vocabulaire. Écouter Marie-Christine permet de s'en rendre compte. Ses mots possèdent une étrange vibration, quelque chose de beau et ancien, comme moyenâgeux, une vérité qui ne souffre aucun ajustement. Ses mots à elle résonaient dans une histoire qui ne la concernait pas en apparence, à laquelle elle appartenait néanmoins. Les mots des pauvres gens qui disent : ne rentre pas trop tard, surtout ne prends pas froid, assurément, c'est elle, comme sortis de sa bouche.

Rien n'arrêtait le flux. Tout ce qui s'était accumulé durant des années jaillissait d'un coup. La durée d'un album simple ne suffisait plus. La nécessité s'imposait de repousser les murs des formats vinyle. Un double album pouvait à peine contenir toutes les chansons qui lui tombaient sous les doigts. Avec « Amour Anarchie », jamais un de ses disques n'avait autant senti le foutre et les larmes. Tout transsudait. On pensait à ces productions d'une prolixité incroyable que chacun des membres des Beatles sortit après la séparation du groupe. Toutes les rancœurs tapies s'en trouvaient d'un coup sublimées en un jet libérateur. Léo se moquait bien des Beatles, dont il évaluait mal l'importance. Le seul point commun entre les garçons de Liverpool entrant dans l'âge adulte et ce vieil homme à la redécouverte de lui-même était de s'être retrouvés au même moment à se dégager d'un regard réprobateur.

« Amour Anarchie » se composait ainsi de nouveaux titres et de chansons plus anciennes, écrites sous l'ère Madeleine, telle cette *Petite* que Madeleine lui interdisait de chanter sur scène. Pris d'une fièvre créative, Léo achevait en même temps l'écriture d'un roman autobiographique, *Benoît Misère.* Il l'avait commencé en 1956, boulevard Pershing. Il le terminait quatorze ans plus tard sous l'ère Marie-Christine. Madeleine l'aurait-elle laissé publier cela ? Comme pour « Amour Anarchie », l'objet brûlait les doigts. Bien que les prénoms aient été changés, tout le monde dans la famille de Léo s'y reconnaissait. Une sève immorale, sulfureuse et honteuse parcourait l'ouvrage. Il ne l'aurait probablement pas achevé sans Marie-Christine. Ce n'est pas qu'elle lui tenait la plume, non, mieux : elle le laissait à ses mots, sans besoin de le guider, de le brimer, de lui expliquer ceux à utiliser et ceux à bannir de son vocabulaire. Elle le laissait respirer. Et tout remontait.

Personne, en dehors d'un cercle restreint, n'avait connaissance de l'existence de Marie-Christine. Elle l'accouchait pourtant. Il n'avait pas besoin de lui expliquer qu'il ne faut pas chercher à entrer dans la tête des gens. Comme Pépée, Marie-Christine ne demandait rien d'autre que de l'amour. C'était déjà pas mal. Elle ne demandait rien. Mais s'il avait voulu lui faire plaisir, il aurait accepté que Dalida chante *Avec le temps*. Dalida en avait formulé la demande. Marie-Christine adorait cette chanteuse. Pour Marie-Christine, Léo donna donc son accord. Dalida s'offrit un nouveau répertoire. Léo s'ouvrit un nouvel auditoire. Plus de snobisme, plus de barrière, plus de rive Gauche et de rive Droite, de cabaret et de music-hall s'opposant, avec Marie-Christine, Léo foulait de nouveaux territoires. Marie-Christine l'aidait à vivre, à tenir debout. Il suffit de regarder les photos de l'époque. En l'espace de six mois, l'homme a changé. Tout ce qui était replié, refermé, soudain s'est épanoui.

Ses cheveux ont poussé. Il ne se les teint plus. Ses voiles de thonier ne le quitteront plus. Cette coupe défie l'imagination des coiffeurs. Qui avant lui a pensé à se coiffer de la sorte ? Un modèle s'invente en soi. Un champ des possibles s'ouvre pour les chauves. Oui, on peut avoir les cheveux longs. La preuve. Jusque-là, Léo n'avait pas eu le droit de se laisser pousser les cheveux. Sous ce nuage auréolé, la jeunesse s'exprimait en lui. Curieux : vieux, c'est mieux. Et il devient beau. Léo envoie des nouvelles d'Italie. Les filles sont en pâmoison, les garçons entendent la voix du Messie. On le sent disponible. Il l'est. Il mélange la vie de tous les jours avec une poésie surréaliste. Il casse les mots. Autour de ces mots, il chante, murmure, parle, peint un moule orchestral avec une liberté se foutant du minutage. Il bande. Et bien.

Et il l'écrit.

Nous sommes au printemps 2010 immergés depuis plusieurs jours dans l'entresol de sa dernière demeure en Toscane. L'endroit a été baptisé la Moquette parce que le sol est entièrement revêtu d'un tapis de laine bleu azur. La pièce est restée dans son jus. Lorsqu'une personne, Marie-Christine, s'est aventurée à vouloir remplacer la moquette, les enfants, Manuella en tête, ont fait bloc. La Moquette, c'est Léo, hors de question d'en changer ! Ses livres y sont encore, comme ses partitions. Seuls des iMac blancs ont remplacé les vieilles machines à écrire. Tout juste le couvercle du piano à queue, le fameux Grotrian-Steinweg noir, est-il refermé. Il trône face à une lucarne ovale. Créée dans les années 1980, cette ouverture reste la source principale de lumière dans la pièce, qui donne sur un jardin en pente.

Il fait chaud et beau. On n'a rien trouvé de mieux à faire que de passer des journées entières dans cette soupente à peine éclairée. Là, se trouvent les archives de Léo. Là, se déchiffre, écriture d'écolière comme sa petite robe noire, la lettre qu'Édith Piaf lui transmit en signe d'encouragement au moment de la chanson *Les amants de Paris*. Dans la Moquette, on découvre aussi la lettre de rupture avec André Breton. André, ce cher André... Là, on découvre les lettres que Léo envoyait à Aragon, quinze ans après leur première collaboration, dans l'espoir de retrouvailles.

29 mars 1975

Louis,

On se ressemble, maintenant, tous les deux, même de loin, avec nos voiles de thonier. On se ressemble et j'ai envie de t'écrire à nouveau de la musique. Je te fais téléphoner par mon agent Jean Dutourd. Donne-lui ou envoie-moi des textes de toi, vierges encore de musique, et puis je travaillerai. Tu penses que je suis un « salaud » parce que je ne t'ai + vu. Tu as raison. Mais ce « salaud », il t'aime bien quand même. Je te félicite d'avoir ainsi rajeuni. Tu es beau comme une aube... dans nos crépuscules abstraits et devant Celle qui nous attend, je pense, et que nous aimerons bien aussi... et qui sera la dernière.

À toi.

Léo.

Léo est partout dans cette maison. On l'y croise dans un désordre chronologique, de l'entrée vestibule, en photo avec Maurice Chevalier à l'Alhambra, à la cuisine, dans les vignes, à l'hiver de sa vie. L'île du Guesclin est en photo dans l'entrée, comme ce parchemin de *La ballade des pendus* se trouve accroché dans le salon, près de la cheminée. Les photos démultiplient sa présence, et plus encore sur chaque carreau de verre de la commode posée dans la cuisine en longueur où les repas se prennent, chianti versé dans des verres de réfectoire, au fond desquels un chiffre est gravé. Les jeux d'enfant restent les mêmes. On lit son âge au fond des verres. La cuisine est un lieu confiné, tout en longueur; on s'y tasse, alors que la maison est grande. On se réchauffe de l'absence. À chaque déjeuner ou dîner, Léo revient au centre des conversations. Depuis les petits carreaux de la commode, il observe, muet. Sa présence décuplée s'invite dans cet étroit couloir. Sa femme, sa belle-mère, ses enfants, ses employées, tous continuent de vivre avec lui.

Quand on ne le voit pas, on l'entend. Dans la Moquette, à main droite, un iPod géant joue l'intégralité de ses chansons, en boucle, sur un mode aléatoire. Marie-Christine fait face avec ses lunettes chaussées en demi-lune. Elle s'occupe de la comptabilité de son exploitation agricole — du vin et de l'huile d'olive. À côté d'elle, une photo avec Léo. De quand date-t-elle ? années 1980 ? Elle porte un blouson de cuir qui s'accorde à ses cheveux de jais, longs et dénoués. Le temps les a blanchis. Demeure dans son regard une fierté mêlée d'étonnement. Elle n'en revient pas d'avoir connu cet homme. Il a changé sa vie. Chaque jour que Dieu fait, elle le remercie.

À notre tour, on en vient à l'attendre, cet homme qu'il faudrait remercier. Il déboulerait qu'on n'en serait pas surpris. Du haut de l'escalier, à droite de la porte d'entrée, il piquerait sûrement une de ses colères légendaires, aussi subites que brèves... Qu'est-ce que ce branleur est en train de fouiller mon passé ? Puis, sûrement, il proposerait un verre. Comment va le monde ? Eh bien, Léo (je peux vous appeler Léo ?), pas mieux en 2010 qu'en 1993, lorsque vous êtes mort. La merde, on peut le dire. Oups... On en oublie qu'on est seul à se faire les questions et les réponses. L'ordinateur mouline, doux ronronnement du ventilateur...

Les archives, numérisées sur un disque dur, sont toujours sous nos yeux. On ouvre un agenda, année 1971. Ses pensées. Sur des semaines entières, les pages restent blanches. Puis, d'un coup, en ce début d'année 1971, tout s'accélère. À la date du 4 janvier, une écriture fougueuse au feutre noir : « Serge... une espèce de Jésus vraiment laïc. Il a l'intelligence de sa barbe... et elle est très belle, sa barbe. Les souvenirs du Lot s'amoncellent... négativement. La mémoire négative, c'est une façon de se rappeler à l'envers, c'est plus commode. Les ombres passent, un peu grisées. On pense à des gravures un peu passées, sans grand talent. Les souvenirs n'ont pas de talent. Ils répètent dans un coin du cerveau... un amas cellulaire qui s'ennuie et prépare sa charge... comme une batterie. »

On se bouche les yeux et les oreilles. C'est trop intime. « Serge », c'est Serge Arnoux, l'ami qui lui a fait découvrir le Lot. On sait ce qu'est le Lot pour Léo, c'est Perdrigal. Pourtant, pas une photo de Perdrigal à San Donatino. Le lieu est hanté. En 1971, Léo a quitté Perdrigal voilà trois ans. On continue de lire, lorsqu'une phrase nous saute au visage. Elle est pourtant dans un coin, page de droite d'un agenda standard, couverture cartonnée doublée de cuir noir : « J'ai cinquante-quatre ans et je trique comme un collégien. »

Tout juste avant, la trame d'un projet, *Alma Matrix*, un opéra sur le retour à la mère, est rageusement esquissée. Cette phrase, à la date du 3 janvier, revient pourtant comme une obsession. Elle défie tous les sens, petit rocher arrimé cheveux au vent, impétueuse. D'un même trait épais à l'encre noire, elle s'élance entre les lignes fines du carnet, rage victorieuse lâchée après toute une série de réflexions sur l'âge, la vieillesse et la mort, rien que de très commun chez un poète. « J'ai cinquante-quatre ans et je trique comme un collégien. » Un ouvrage de Simone de Beauvoir a servi de prétexte à ces digressions lâchées sous le coup d'une colère revigorante. La phrase est ici bien la seule qui se passe de points d'exclamation dans ces notes sans ratures. Elle contient suffisamment d'ardeur en elle. Rapidement, elle a quitté l'objet de référence, cet essai, *La vieillesse*, problablement promu alors par Simone de Beauvoir sur une des chaînes de l'ORTF.

Sa pensée se déploie en temps réel, par esprit d'escalier, jeu d'associations. L'inconscient s'exprime là. Il faudrait gommer tout ce qui précède, l'échauffement du sportif avant le sprint pour ne garder que ces dix mots délivrés comme l'énigme du Sphinx. Chez Ferré, les digressions sont l'œuvre même. Il faut s'en abstraire, elles masquent l'essentiel. « La vie ne tient qu'à un petit vaisseau, dans un cerveau, et qui peut déconner à tout moment. Et voilà ! À part ça, tout va », est-il écrit plus haut, à la date du 2 janvier 1971. Immanquablement, à nouveau, cette première phrase en vis-à-vis attire notre regard. Elle exprime l'inverse. Elle est un élan, un horizon qui se dégage. La vie est là, du bon côté, avec ses poumons de flanelle, certes, mais pas uniquement. Cette phrase s'adresse au lecteur d'après, d'aujourd'hui donc. Elle semble nous dire : Réveille-toi, gamin. Cette clé te permettra de dérouler le fil. Ma vie réside là. La voix se fait entendre avec son rire sardonique. Le songe s'évanouit, et on se demande ce qui a bien pu lui passer par la tête lorsqu'il écrit cette phrase. À coup sûr, c'est le trésor de Rackham le Rouge, une enquête pour Tintin, où chaque terme a son importance, tout autant « cinquante-quatre ans » que « je trique » et « comme un collégien ». Pourquoi ce rapprochement ? Pourquoi cette phrase écrite ici, en Italie ? L'Italie, c'est *Alma Matrix*, le pays de sa mère, aux racines italiennes, mais aussi le lieu du crime, le collège des Frères des écoles chrétiennes, et des premières bandaisons.

À cinquante-quatre ans, il vient effectivement de franchir à nouveau la frontière.

Soudain, tout se réveille.

OÙ ÉTAIS-TU
QUAND J'AVAIS BESOIN DE TOI ?

Il a neuf ans et demi. Il entre dans sa période de préadolescence. Son père, équipé de deux gros macarons auditifs, en raison d'une surdité précoce, est irrité par les cris et agitations du garçon. Comme beaucoup dans la principauté, il décide alors d'envoyer son fils en pension, en Italie, de l'autre côté de la frontière.

Léo, l'enfant en question, est pourtant d'un naturel irrésistible. Cela lui a même valu un surnom, Tontolino. Né près de la mer, il en a hérité une décontraction joyeuse, nourrie d'un goût des saveurs et des odeurs qu'alimentent les pissaladières et les pâtes que sa mère, excellente cuisinière, lui prépare. Il adore sa mère. Tout aussi inoubliables sont les fougasses que cuisine sa tante Fine, une des nombreuses sœurs de sa maman. C'est un enfant méridional comme il y en a tant. Nos mères sont nos premières chanteuses. La sienne, Marie-Charlotte, lui apprend des berceuses, chansons napolitaines, airs de Puccini, dont on devra bien plus tard retrouver la volupté mélodique dans ses chansons à lui. L'enfant espiègle s'est même déjà pris une cuite. À l'âge de quatre ans, des verres se sont trouvés sous son nez, oubliés à la fin d'un repas. Lèvres trempées dans un margaux ou un corton, et hips, l'enfant a tourneboulé, tontolino, tchoukou tchoukou, se laissant griser par cette ivresse gamine qu'il ne goûtera plus jamais de la sorte. Guéri de la chose, l'enfant Léo !

L'enfant s'invente des histoires. Son refuge se trouve en haut du rocher de Monaco. C'est sur le chemin de l'école. Il s'y rend en courant, à s'en crever les poumons, ses petits poumons de flanelle. De longues marches pas très hautes, taillées à même la pierre, le mènent du port au sommet des remparts. Le raccourci se prend à la place d'Armes. Quatre à quatre, il grimpe. Son cartable d'écolier virevolte de gauche à droite. Son corps est trop maigre, son sac glisse comme un savon sur le pont d'un navire. Lui, léger comme une plume, semble s'envoler. Il arrive essoufflé en haut des marches. Il doit avoir cinq ou six ans.

Le lycée Albert-Ier, situé place de la Visitation, se trouve à quelques regards du palais princier, tout aussi curieux avec son air de carton-pâte que la prison, dont la vue donne sur la mer. Léo rejoint ses copains. Ils forment une petite bande. Des copines s'invitent parfois. De ce point de vue, tout semble minuscule, les phares à l'entrée du port, l'un vert, l'autre rouge, dans ces bras de mer qui accueillent tout autant les yachts des milliardaires que les bateaux de l'usine de gaz juste à côté. Plus tard l'histoire fera sourire Lucienne qui n'y verra qu'un délire de plus chez son jeune frère, pourtant c'est là, sur les remparts de Monaco, que Léo s'entêtera à fixer le point liminaire de sa vocation d'artiste, là où d'imposants bateaux à la blancheur aussi immaculée qu'une aube de premier communiant paraissent comme autant de soleils miniatures contenus entre le pouce et l'index.

L'enfant Ferré ferme les yeux. L'air du large lui caresse les joues, comme la main de Ravel, comme le sourire d'une amoureuse aide à tenir toute une saison à l'école. Il n'a qu'à lever les bras. Des orchestres se dressent sous ses paupières closes. Les jardins du casino sont hors de sa vue. Son père travaille, sourd et concentré, à son bureau, placé pile sous la grande horloge du casino. Lui entend de la musique. Il s'était éveillé près de la mer, sentant encore le vernis à ongles que mettait sa mère. Il s'est endormi sous la pluie, avec les soleils morts de sa colère. Sa maman et lui, ils se préparent. Le 1er octobre 1925, il dort, pour la dernière fois, dans sa chambre d'enfant. Le lendemain, il se met en route avec sa mère.

Le collège des Frères des écoles chrétiennes de Bordighera n'est pas si loin. Une vingtaine de kilomètres séparent le pensionnat de sa maison à Monaco. Pour un enfant de neuf ans et demi qu'on arrache aux bras de sa mère, cela paraît pourtant déjà être la Chine. Dans son paquetage, sa mère a glissé six petites bananes. Dieu sait qu'il en aura besoin, de cette provision d'amour maternel. C'était compter sans la frontière, de celles qui sont « faites par les hommes pour les contrôler. On contrôle la drogue, l'or, les sous, les grandes personnes, on contrôle aussi les enfants et les bananes ». Il ne fallut pas longtemps au douanier du moment pour débusquer l'objet de contrebande. Il décida de le confisquer. L'enfant s'y opposa. Envahi d'une sainte colère et conduit par un réflexe d'adulte, tel qu'il l'écrira par la suite, l'enfant Léo pèle les bananes et les mange, une à une, sous l'œil abasourdi du douanier imbécile. Ce 2 octobre 1925, Léo Ferré connaît son premier contact avec un représentant de ce qu'on appelle la société. Avant de le quitter, il prend soin de laisser en tas les peaux sur le comptoir. Il découvre là son premier geste d'homme, le premier acte transgressif, la première fois où il se sent anarchiste. Dès lors, je saurai me défendre. C'est ce qu'il dira, c'est ce qu'il croira plus tard à force de le répéter. Mais il ne pourra se défendre, et encore moins des représentants de Dieu que de la société.

Les portes du pensionnat s'entrouvrirent. Sa mère l'abandonna pour reprendre son train vers Monaco. Le soir était tombé. Léo se retrouvait avec quarante garçons de son âge dans un dortoir immense. Il n'était d'ailleurs plus question de Léo. On lui avait attribué un numéro et un matricule, lui qui portait un prénom si original. Ses parents avaient trouvé Léo, parce qu'une de ses tantes s'appelait Léa. Personne d'autre que lui, à l'époque, ne portait ce prénom. Léo était une invention pure ; venue d'Italie, une signature féminine passée au masculin. En l'espace de quelques instants, Léo devint Matricule 38. Les Frères veillaient dans le dortoir. Matricule 38 se dirigea vers le lit qui lui était attribué. Il fut ordonné aux enfants de se coucher. Tous prirent leur place dans le dortoir. De légers souffles d'azote se projetaient sur les carreaux des fenêtres. Lui ne dormait pas.

Durant toutes ces années à Bordighera, où il devait rester jusqu'à ses dix-sept ans, la nuit fut sa seule alliée. Chaque jour, il la réinventait, comme un coup de crayon jeté sur les murs de sa prison. La nuit provoquait des sons, des images. Elle lui offrait un espace vierge d'où s'évader. Parfois, Léo entendait le roulis d'un tramway. Ces bruits lui servaient de radio. Il espérait que s'y mêle le pas de sa maman. Il écrira : « Les parents ne savent pas, s'ils savaient ils ne mettraient jamais leurs enfants en pension comme on dit, au bagne comme je dis. Mes parents m'avaient mis là pour mon bien, j'y suis resté pour mon mal. »

Un jeudi sur deux, sa maman venait le voir. Il reconnaissait sa marche de moineau déguisé en femme depuis le couloir. Avec sa maman, il franchissait le grand portail creusé dans l'enceinte de 3 mètres de haut du collège de Bordighera. Marie-Charlotte l'emmenait dans une crémerie tout à côté. Ils allaient boire un chocolat chaud. Depuis plusieurs jours, Léo comptait. Il l'attendait. Sa maman lui donnait des nouvelles de la maison. Et tous les deux mois, au moment des vacances, elle le ramenait à Monaco. Là, Léo retrouvait sa chambre d'enfant. Avec son oncle horloger, un fou de technologie, il collait son oreille à la radio à galène dans l'appartement familial du 9, avenue Saint-Michel. La voix des speakerines donnait des nouvelles d'un autre bout du monde. S'y racontaient les exploits de Lindbergh, qui venait de traverser l'Atlantique à bord d'un oiseau métallique. Un avion qui traverse les mers impressionne un enfant tout autant que le voyage de Méliès sur la Lune. Parfois, la musique de Ravel s'échappait du poste. La radio, dans sa chambre de sursitaire, offrait à Léo de la matière pour son trajet du retour. Avant de repartir, il faisait un dernier tour sur les remparts. À sept ans, il y avait connu sa première amourette. Tu sais faire ça, un baiser?, lui avait demandé la fillette. Bien sûr, avait répondu Léo, qui ne savait pas. On n'est pas sérieux quand on a sept ans... Deux ans plus tard, une autre gamine avait déjà remplacé la précédente. Ses phrases, *Et rouges resuçaient mes doigts d'apocalypse,* semblaient tout droit sorties d'un ouvrage d'André Breton... Ses cheveux roux la rendaient inoubliable.

Il n'était déjà plus le même garçon.

À Bordighera, les jours obéissaient à un rituel implacable : lever à cinq heures du matin, un *Notre Père* suivi d'une douche au jet si fin (par mesure d'économie) qu'un millier d'épingles semblaient s'abattre sur sa peau. Une maigre pitance suivait, avant d'autres prières encore. À dix-neuf heures quarante-cinq, les pensionnaires dînaient. La bonne place, la bonne portion de viande, la tartine de beurre, chaque miette d'espace pour exister, se nourrir demandait qu'on se batte. Le coucher s'effectuait à vingt heures vingt après une journée de cours et de rituels liturgiques, auxquels Matricule 38 se pliait en culottes courtes et blouse relevée d'un habit à col marin. Parfois, il se risquait à ne pas se lever pour la prière, comme s'il s'était retrouvé devant un douanier à refuser de livrer ce que sa mère lui avait donné de plus précieux, sa provision d'amour maternel. Il s'opposait parfois aussi au rituel de la douche, préférant garder sa crasse que de frissonner sous mille épingles glacées. Les toilettes, en revanche, il s'y rendait. C'était son lieu de lecture. Voltaire et toute une bibliothèque imaginaire l'y attendaient.

Dans ce collège triste et froid, il y avait une fanfare. L'instrument de Léo était le piston, qu'il pratiquait en *si* bémol.

C'était l'âge des premières érections, des premières fragilités. Les frères étaient affublés de surnoms, Je Tâte, pour l'infirmier peloteur, Bec d'Azur, pour celui qui dirigeait la fanfare, P'tit Œil, pour le professeur de français, Bouc, pour le prof de mathématiques, et Vieux Soleil, pour le surveillant général. Ils étaient une bonne vingtaine. Matricule 38 les appelait les corbeaux. Les corbeaux sont les oiseaux qui crèvent les yeux des agneaux afin de mieux les dépecer. Les corbeaux tournaient autour des enfants. On les entendait d'ailleurs à peine approcher. La nuit, dans le grand dortoir embué, leurs semelles de caoutchouc rendaient leurs pas sourds. Ils pénétraient à des heures indues. En robes plutôt qu'en pantalons, puisqu'ils étaient frères, ils se penchaient, rois des aulnes au-dessus des lits des petits pensionnaires, au prétexte d'une ultime vérification quant à l'état de leur sommeil. Leurs mains moites s'approchaient de ces anges sans défense pour mieux se mêler à leur nuit, brillant de mille étoiles innocentes. Les monstres observaient leur reflet dans la nuit des autres.

La journée, en classe, Léo savait comment se protéger. Pour les coups de règle, il suffisait de placer ses mains au-dessus de la tête. Les doigts n'étaient pas seuls à saigner à Bordighera, les visages aussi servaient de cibles. Mais la nuit ? Bruits de semelles de caoutchouc, ils évoluaient « sur les eaux comme Moïse, une Sylphide. Ils étaient le silence en marche et vous arrivaient dessus avec la chiquenaude au bout des doigts et ça giclait ferme ».

La main que l'on sent d'abord sur la joue, le corps paralysé d'effroi, avant le dégoût total. Léo se défendait avec ses moyens. Il mimait le sommeil. Depuis sa plus tendre enfance, il savait que les chiens les plus féroces ne s'attaquent pas aux corps inertes. Il faisait donc le mort. « Il se lassa, mon chien féroce, et moi, toujours inerte, je faisais du gringue à la Nuit, et je m'essuyais la figure. [...] Sous la main du chercheur, j'étais en vacation semi-consciente. Je faisais comme si. Je ne donnais pas mais restais inerte mieux qu'un gisant ; il y avait dès lors le sentiment de toucher une peau morte, molle, et j'étais sauvé, à part le contact, bien entendu, mais j'évitais par là qu'il n'aille plus profond, à la découverte de joies plus rentables. Si j'avais bougé, j'eusse été cuit. Je n'ai jamais bougé. »

Puis, il y eut Vieux Soleil. Il croisa sa route en classe de septième alors qu'il sortait de l'infirmerie. Il était dix-sept heures. Matricule 38 s'apprêtait à retourner en cours, mains dans les poches, sifflotant, quand soudain des doigts le happèrent. Le surveillant général l'entraîna de force dans son bureau. C'était Vieux Soleil, surnom donné tel qu'un enfant désignerait quelque chose de chaud, de vieux et de lumineux. La cloche venait de sonner. Matricule 38 se doutait bien qu'il arriverait en retard au cours de Trocard.

Le bureau de Vieux Soleil était encombré de notes, de lacets (c'était un camelot des lacets) et de boîtes de cirage. Dans la pièce se trouvait un harmonium et une armoire. Dans l'armoire était rangée une boîte de caramels. Il y avait aussi une chaise. Matricule 38 fut invité à s'y asseoir. Il s'exécuta. Ferma-t-il les yeux, comme au bord d'un précipice, le premier d'entre tous ? Chercha-t-il d'autres images, de substitution, pour fuir ce qui s'annonçait déjà comme un cauchemar ? *Et rouges resuçaient mes doigts d'apocalypse.* Son image à elle, faites qu'elle revienne. Le visage de la fille des remparts ne revenait pas. Le mal continuait de le traverser, sans qu'il puisse l'éloigner, d'une douleur si aiguë qu'il s'en trouvait curieusement anesthésié — avant que la douleur ne se réveille à nouveau, plus forte encore. Léo se trouvait là, abandonné, voué à perdre « sa virginité d'âme, la seule vraie virginité, celle qui fait voler haut les petits oiseaux, celle qui fait les étoiles capiteuses, celles que l'on tient dans le cœur, le seul hymen dont puissent se prévaloir quelquefois certaines prostituées au bout d'une carrière horizontale et malheureuse ». Dès lors, chaque coup de cloche prit une signification particulière. Dix-sept heures, infirmerie. Dix-sept heures cinq, sortie de l'infirmerie. Dix-sept heures six, bureau de Vieux Soleil. Qu'elles paraissent longues ces secondes... « C'est sur cette chaise, assis inconfortablement sur ses genoux, mes lèvres rivées aux lèvres de ce bandit vénérable que j'appris que d'autres mains que les miennes pouvaient s'infléchir dans les ténèbres de mon être et l'exhausser vers le seul coin d'azur où je me sois toujours cassé la figure depuis que, répétant le sortilège, je me retrouve chaque fois un homme banal et sali par je ne sais quoi d'inexprimable. » Après la « gymnastique », corps penché en arrière, le surveillant général offrait à Matricule 38 une récompense (les fameux caramels) et la possibilité de jouer de l'harmonium — un orgue, donc.

Il lui fallut quatorze années pour écrire :

« Vieux Soleil, vous étiez le démon, sonnant la cloche, annonçant les retenues, réglant la circulation, et dans vos bras... j'étais Proserpine, une petite Proserpine, à peine éclose, mais qui en connaissait déjà un fameux métrage sur le fruit défendu, sur la tentation, sur le côté louche aussi de nos propos muets, car vous ne m'avez jamais parlé, ni moi non plus, et nous nous comprenions... Vous fermiez toujours les yeux, vous inventant sans doute quelque partenaire aux seins tout remplis d'immondices adorables et quand vous me dévoiliez, vous vous cachiez de moi, vous vous enveloppiez la tête avec les pans de ma petite chemise, comme un moine se serait encapuchonné, au XIIe siècle, pour donner la Question à une fille publique ou à un hérétique. Avez-vous jamais remarqué ma coquetterie ? Quel honneur vous faisais-je alors, et dans quel but, je me le demande avec terreur. Avais-je la crainte que vous ne me délaissiez, pour courir à d'autres découvertes, pour courir d'autres pantalons courts, quand je me surpris un après-midi, non pas à l'infirmerie mais aux lavabos, me peignant, me refaisant une petite beauté, moi, jeune garçon de dix années et cela pour vous, vieillard suintant de désir. Je vous pardonne. Et moi, me pardonnez-vous, bien que j'aie su ce que je faisais ? Les soleils quand ils se couchent rougissent. Les hommes aussi, quelquefois, quand la honte leur délace les souliers. »

À Bordighera, son père n'est jamais venu le voir. Pas le temps. En huit ans ! Trop de travail. Pourquoi ? Pour 20 kilomètres, pour son fils, on trouve toujours le temps. Pas lui, ce père comme absent à lui-même qui, depuis le 24 août 1916, le jour où la filiation s'était établie, était censé le protéger. Il n'était pas là. Où, alors ? Dans un monde sourd. Est-ce pour cela que Léo Ferré inversera les chiffres de sa date de naissance dans l'autobiographie à peine fictionnelle qu'il achève d'écrire en 1970 et qui revient très largement sur cette période fondatrice et douloureuse de son art — dans *Benoît Misère,* le protagoniste est né le 16 août 1924 ? Faute d'une présence qui l'aurait protégé de ces « salauds » de frères qu'on appelait pères à défaut d'en avoir un à ses côtés, la filiation se voyait là remise en question.

L'absence du père était réelle, palpable, oserait-on écrire. Chaque jour, les corbeaux se rapprochaient des enfants, par cercles concentriques, observant la réaction de leurs corps pubères, qui ne pouvaient, en pleine période exploratoire, se contrôler. Les corbeaux les coinçaient dans leur plaisir afin d'établir ce rapport de complicité trouble entre un prédateur et sa proie. Chaque jour, les corbeaux les rendaient plus coupables, ces petits hommes, dont le cerveau, en pleine formation, ne pouvait imposer de libre arbitre. Les pères n'étaient pas là. Dieu, non plus. Ses représentants sur Terre abusaient de Son pouvoir divin, position d'autant plus dominante qu'en plus du sacré ces « fumiers de frères » représentaient en leur qualité de professeur l'autorité du savoir. De jeunes âmes innocentes ne pouvaient ainsi se soustraire à leur plaisir. « Père, mon cher Père ! Fumier, mon très cher Fumier ! Salope, ma chère Salope. [...] J'avais dans les yeux des pistolets d'insulte, des canons à bombarder vos yeux froids comme le verre. Et mes yeux à moi ? Hein ? Mes yeux à moi... Ils étaient déjà morts à votre abîme. Je me regarde par les trous, je m'y rentre, mon très cher monseigneur de mon calvaire de la connerie monumentale de mon père de m'avoir mis là, à vous contempler, pendant mon joli temps précieux des découvertes. Je n'ai jamais rien découvert, caché, abruti, exsangue que j'étais derrière vos chairs molles, tristes et vous vos baguettes que je prenais à genoux, les rideaux baissés et les bras comme un albatros que l'on chahute de la pipe... Je vous hais, hommes noirs de mes découvertes... »

Son père ne venait pas ; sa mère, oui. Léo aurait pu tout avouer. C'est ce qu'il croyait. Mais on ne peut confier, enfant, ce genre de crime. Le dénoncer, c'est risquer de voir le ciel s'écrouler. Un enfant hérite de la représentation du monde de sa mère. Qu'elle ne le croie pas et c'est toute cette cartographie émotionnelle qui s'en trouve remise en question. L'enjeu est trop important. Matricule 38 ne pouvait donc délivrer son terrible secret. Si maman ne me croit pas, lui dictait son inconscient, cela signifie-t-il que le lien est rompu, que tout le reste était faux ? Pouvait-il se permettre d'être abandonné une seconde fois par la seule personne à qui il pouvait encore s'en remettre ? Non, bien évidemment. Il décida de faire ce que chaque victime fait, contrainte à cette espèce de chantage affectif. Il se mura dans le silence.

Un jeudi, sa maman vint le voir. Sa marche de moineau déguisé en femme résonna dans le couloir. Comme toujours, elle l'emmena boire un chocolat chaud dans la crémerie aux abords de la prison. Ce jeudi parut d'abord comme tous les autres jeudis, un moment qui passait trop vite. Sauf que ce jeudi-là, Dieu entra dans la crémerie. Léo buvait son chocolat chaud bouillant avec sa crème fouettée. Maman lui parlait, quand soudain une autre voix lui parvint. D'un poste de radio, de cette boîte où le visage d'une speakerine inconnue narrant les aventures de Lindbergh traversant les océans lui était apparu, une voix couvrit toutes les autres. C'était de la musique, une symphonie, la *Cinquième*. Cet instant de félicité recouvrit toutes les autres mers. Beethoven, le musicien que l'on disait sourd, venait à son secours avec mille violons du tonnerre. C'était Beethoven, et non plus Bitovan, comme les frères s'amusaient parfois à en faire la blague, bite au vent et regard perçant sur le terrain de football improvisé où les jeunes pensionnaires venaient se dégourdir les jambes hors des murs de Bordighera. Cette voix de violons remplis semblait dire à l'enfant : Eh bien, si tu souffres, moi aussi j'ai souffert. Je te livre ma souffrance, alors peut-être qu'elle te libérera de quelque chose. Essayons d'être deux, essayons de nous tenir la main. Je suis ton apaisement. Écoute-moi, comme la nuit on entend le chant des hiboux.

Léo n'entendit plus rien d'autre. Ce jeudi-là, avec sa maman et son chocolat chaud, il avait rencontré « une femme dont la beauté depuis n'a cessé de me confondre. Tu ne t'en es pas aperçue... C'était dans la crémerie, tu me parlais, je suçais mon chocolat brûlant comme mon âme, je me suis laissé aller devant toi, avec mon corps, mes habits, mon petit nom inscrit dans ta poitrine, pour ne pas me perdre tout à fait, et je suis parti loin, avec cette femme qui venait d'entrer dans ma vie... Tu parlais à un fantôme, ce jeudi-là, ma pauvre maman... Et voilà des années et des années que tu parles à un fantôme, comme dans cette crémerie adorée où tu m'as perdu pour la deuxième fois de ta vie, sans qu'on ait à couper le cordon, parce que l'homme ne servait plus le même chocolat avec la bonne crème soufflée dedans, parce qu'il s'appelait Ludwig van Beethoven, avec une *Cinquième Symphonie*, parce que d'un trou électrique posé sur une table m'arrivait un océan de bien-être, avec une traîne qui n'en a jamais fini de se traîner orgueilleusement, et qu'en remontant cette traîne j'y ai vu la Musique, et parce que, depuis, je m'y traîne et m'y damne. »

Son père n'était pas venu le voir ; Beethoven, si.

Pour se dégourdir les jambes, les frères emmenaient les pensionnaires jouer au football dans un terrain vague hors de Bordighera. Cette terre, éternellement en jachère, avait pour nom la Nervia. Une partie de l'après-midi, les corbeaux se rinçaient l'œil en observant ces corps imberbes se défouler sur ce terrain improvisé à l'abri des regards. Léo n'aimait pas le football. Elle le lui aurait fait aimer, cette fille comme il n'en avait jamais vu, comme il ne s'y attendait pas. Une apparition céleste.

Un jour, alors qu'ils venaient de franchir les murs de Bordighera, elle surgit d'un buisson. Elle portait une jupe écossaise, un fin chandail et des souliers à semelle de crêpe, d'un délicat ouvrage à la mode. Elle s'est alors approchée de Léo et lui a murmuré : Je connais les initiales de ton nom, LF. Ce fut à peu près tout. À peine le temps de se retourner qu'elle s'était enfuie, non sans avoir pris le temps de lui souffler un « Adieu ». Du haut de ses treize ans, Léo en demeura ébloui. Qui était-elle, cette fille dont il ne connaissait, lui, ni le nom ni le prénom ? Elle semblait employée chez un dénommé Winter, un paysan qui travaillait aux Œillets, le champ qui longeait les murs du collège. Pour Léo, elle devint la fille aux souliers à semelle de crêpe.

La jeune fille paraissait déjà femme, avec ces formes girondes dont la nature l'avait généreusement dotée à un si jeune âge. Il ne put longtemps garder le secret. Sur le chemin du retour, après la partie de football, ses copains l'interrogèrent à propos de cette joie soudaine et frétillante. Passé le petit café au coin de la rue, la fille aux souliers à semelle de crêpe devint l'objet d'une discussion passionnée avec les deux seuls amis que comptait Léo à Bordighera. Il fallait une entière confiance pour se livrer de la sorte sur ce qui eût sonné comme un crime aux oreilles sinon de Dieu du moins de ses représentants. Tout ce qui est mal est bon. Ses camarades, Bille et Loulou, voulaient tant savoir, d'elle et de ses cheveux blonds, tout en longueur, comme ceux d'une poupée, qui lui tombaient aux épaules... L'avait-il embrassée ? Avait-elle de gros seins ? Allez, raconte... Avant de s'endormir et partager cette première nuit avec Elle, prêt à reconvoquer, jour après jour, chaque détail de ce vitrail amoureux, Léo s'était confessé auprès de ses amis. Il avait avoué la poitrine généreuse qui pointait sous le chandail, apparemment assez ferme pour se dispenser d'un soutien-gorge... Deux grosses pommes... Bille et Loulou écoutaient, souffle suspendu, cœur battant la chamade... Ils en redemandaient. Allez... Il en avait déjà trop dit, sur celle qui allait rejoindre la Nuit et la Musique, ses compagnes d'insomnie. « Cette nuit-là, j'inventai la chose la plus naturelle du monde : la chaleur d'une autre sous ma peau ; je la voulais tellement qu'elle me brûlait, dans le dortoir froid et puant. »

Gardiennes de tels aveux, les bouches de Bille et Loulou ne demeurèrent pas longtemps cousues. Dès le lendemain, au lever du jour, le secret s'éventa. Matricule 38 a une amoureuse. Les corbeaux étaient au courant. Leurs oreilles, tout aussi alertes que leurs yeux perçants, avaient bien noté chaque détail du projet d'évasion de Matricule 38, qui se réduisait à un rêve ! Léo venait de croiser ses premiers Judas. Ses copains l'avaient trahi, donné. Il dut rapidement avouer auprès des représentants de Dieu l'objet de son désir interdit, cette tentation qui menaçait aux abords de la prison. Dès son retour à Monaco, Matricule 38 fut pareillement interrogé par ses parents. Pour les mains baladeuses des frères, il n'avait rien pu dire. En revanche, pour ce songe entrevu, il avait dû se plier à la plus pieuse des repentances... Cet ultime recoin de son intimité qui lui permettait de tenir face aux abus quotidiens et tus de son corps outragé ne lui appartenait plus. Dès lors, il lui faudrait apprendre le double, voire le triple langage que tout passage chez les Frères impose à ses pensionnaires. Dès lors, il faudrait se tenir à bonne distance. Rentrer dans la tête des gens ? Même pas en rêve : propriété privée !

Oh, bien sûr, Marie-Christine ne possédait pas sa blondeur. Mais elle sentait pareil. Et parce qu'elle sentait bon la terre, qu'elle possédait les mêmes formes généreuses, perceptibles à travers les mailles du chandail, qu'elle était l'huile et le vin, assortie d'un prénom biblique, il l'aima dans l'instant. Peut-être même avait-elle l'âge de la fille aux souliers à semelles de crêpe lorsqu'il la croisa pour la première fois à Perdrigal... Marie-Christine n'était en rien responsable. Elle était, elle existait, elle émanait. C'est tout. À son contact revenaient des odeurs, des formes, des sensations que Léo avait dû occulter durant des dizaines d'années. Instinct de survie. Pendant toute cette longue période débutant à l'éveil des sens, sa mémoire refoulée l'avait contraint à chercher ailleurs des sons, des sensations, des odeurs de substitution à ce souvenir maudit. Tous ses sens découverts à l'âge de la puberté s'étaient vu effacer en même temps que la trace des mains baladeuses de Vieux Soleil. Marie-Christine, avec sa sensualité pudiquement enfouie sous d'épais vêtements, les avait réveillés dès qu'il l'avait vue. Elle recelait cette part de mystère qu'il avait tant et tant voulu retrouver depuis la fille aux souliers à semelle de crêpe. Des formes, des sensations, un parfum.

De femme en femme, il l'avait tant cherchée. Même auprès de celles qui s'étaient chargées de son éducation sexuelle, durant ses études à Paris, il l'avait guettée. Un jour, dans le quartier de Strasbourg-Saint-Denis, l'une d'elles, revêtue d'un manteau panthère, avait découvert ses bas noirs, ce qu'il n'avait jamais vu — regard ébahi. La prostituée avait proposé : Tu me donnes un petit cadeau en plus et je me mets toute nue. Non, s'était offusqué le jeune étudiant. Ne fais jamais ça ! Léo avait réagi comme André Breton, lorsque Benjamin Péret était venu lui présenter ces haricots sauteurs rapportés du Mexique. Pour en comprendre la magie, l'insolent disciple avait proposé au pape du surréalisme de les ouvrir. André Breton avait menacé de ne plus jamais lui adresser la parole s'il s'aventurait à accomplir ce geste. Il y a un mystère en toute chose qu'il s'agit de préserver sous peine de vie ou de mort. Marie-Christine représentait cet idéal, ainsi formulé par Georges Bataille : sans interdits, il n'y a pas d'érotisme.

Son inconscient avait pris le contrôle, qui lui ordonnait de l'approcher. Ainsi appelé, Léo alla vers elle, somnambule, comme jadis il avait rêvé de soulever le voile de la fille à Bordighera, la seule qui l'eût jamais accompagné dans son enfer. Se réveillait, après toutes ces années, un rêve enfoui, celui qu'il n'avait pas concrétisé avec la fille aux souliers à semelle de crêpe : s'enfuir. Perdrigal n'était-il pas le Bordighera de son enfance reconstitué, avec ces animaux comme autant de petits pensionnaires de compagnie ? C'est dire que Marie-Christine était une étincelle, un feu d'artifices, un feu d'artifesses même. Sa présence fortuite l'aidait à reprendre le cours de son récit là où il s'était arrêté quarante ans plus tôt avec le souvenir coupable de Vieux Soleil sur son jeune corps. Quarante ans à vivre en jachère, ah ! les années flouées. Avec Marie-Christine, lui revenaient les nuits dans cet immense dortoir à projeter ses fantasmes sur l'écran noir d'un sommeil inexistant : « Ma main touchait mes seins un peu trop gonflés de mes treize années, le temps où la nature choisit, et d'autres seins alors perçaient sous les miens. Je descendais en Elle. Je me la rappelais assez bien pour être Elle et pour penser à moi. C'était l'expérience de l'enveloppe que je connaîtrais bien plus tard. Pouvoir se dédoubler avec le nez, les cheveux de l'Autre, la taille, la pose un peu pliée sur le côté, les yeux avec des images nouvelles et des souvenirs nouveaux aussi. »

Léo, avec Marie-Christine, écrivit. À ses côtés, l'encre coulait de prières païennes, hérétiques, psaumes bibliques dont le ciel se redessinait aux couleurs d'un sexe tourné vers l'illicite. Marie-Christine, par sa seule présence, nourrissait cet anarchisme chrétien qui eût pu paraître paradoxal s'il n'avait pas émané de Léo. « Amour Anarchie », ce chef-d'œuvre manifeste écrit sous son règne, était rempli jusqu'à plus soif de brûlots s'érigeant sublimement contre toute forme d'autorité, qu'elle provienne de Dieu ou des représentants de la société civile. Léo ne cherchait pas tant à provoquer qu'à reconquérir une identité à laquelle lui donnait soudain accès Marie-Christine. Quitte à être excessif ou ridicule, l'acte transgressif s'imposait à lui comme le seul moyen qu'il avait à sa portée de se détacher de l'identité abusive de ses agresseurs à Bordighera pour retrouver une identité sienne. Marie-Christine lui redonnait le meilleur de ses sensations d'enfance. La transgression en évacuait quant à elle le trauma.

Avec le diptyque « Amour Anarchie » et sa vingtaine de chansons, composées aux premiers temps de leur exil toscan, et qui sentaient si bon le foutre et les larmes, Léo ne faisait donc pas tant l'éloge du Mal que de ce qui s'opposait à Dieu, dans lequel il ne pouvait plus se reconnaître depuis Bordighera. Une croyance dans laquelle il ne pouvait plus se reconnaître depuis ses années de pensionnat. Joseph Ferré, son père, si pieux, ne pouvait comprendre. Chanter « Tout ce qui est mal est bon » ne se réduisait pas à une volonté de choquer, mais formulait l'ultime demande d'un fils faite à son père : Maintenant, laisse-moi devenir ce que je dois être.

Cette place ne pouvait être remplie par Dieu ; Dieu l'avait abandonné à Bordighera.

Sur scène, Léo chantait, parlait comme on n'entendait pas. Qu'il paraissait loin l'artiste à l'œuvre jadis structurée, soignée, sagement écrite, obéissant aux impératifs des formats radio. Là, les verrous sautaient, les cadres craquaient. La perfection ne semblait plus un idéal à atteindre. L'écran des rimes implosait. Le chaos s'accouchait à travers sa parole. On l'écoutait. Entre les chansons, ça hurlait, criait, commentait. Chacun avait à dire pour ajouter sa pierre à l'édifice. Extraordinaire, ces concerts qui duraient des heures, lui moulin à paroles, débridé, déchaîné. La peur de lâcher prise l'avait quitté. Enfin. Il se plaisait dans ce mouvement. Comme le premier coup d'accélérateur donné à Perdrigal, il s'accompagnait d'une ivresse entêtante. Libéré, au côté de Marie-Christine et de toute la jeunesse qu'elle charriait, il ne craignait plus les réactions que ses gestes provoquaient. Il retombait toujours sur ses pattes. Ses bases solides, sa grande culture, sa bibliothèque, l'amenaient même à brouiller les pistes. Le public, jeune, se perdait dans le labyrinthe quand soudain le propos lui sautait au visage avec la violence d'un slogan. Ils en redemandaient. Il parlait comme il avait toujours parlé, haut et fort. Sa diction se précisait encore. Il se faisait comprendre, comme un politicien.

Il avait envie de dire. Et parce qu'il maîtrisait une langue admirable, de poète, de musicien, qui parle de sexe, de liberté, rien ne pouvait être plus séduisant pour la jeunesse. Que ce qu'il était. Que ce qu'il véhiculait. Le sexe n'était pas encore entré dans le langage courant. Léo l'abordait tout comme il parlait d'exclusion, de misère, d'oppression, tout ce qu'on veut entendre à cet âge-là, avec cette voix, ce physique de poète, comme les images romantiques nous en donnent le goût, avec cette chevelure, cette insolence et ces petits yeux rieurs. C'était un artiste. Déborder des marges relevait de son droit le plus absolu. Un jour, il avait dévoré six bananes sous l'œil terrifié d'un représentant de l'ordre. Il venait à nouveau de passer la frontière, ce fouteur de trouble, cet agitateur public, contemporain de Jim Morrison. Comme ils se ressemblaient soudain.

Richard Marsan, son nouveau directeur artistique depuis 1969, sut mettre à l'œuvre ce virage existentiel. Richard, ancien comédien et fantaisiste de la butte Montmartre, aimait les artistes. Un peu trop, d'ailleurs. Écumant les boîtes à chansons, le DA de Barclay brûla ses nuits à coups de côtes-du-rhône.

En 1969, Léo, toujours pas remis du succès *Nights in White Satin,* demande à contacter les Moody Blues. Pour des raisons contractuelles, l'affaire ne peut se conclure avec le groupe anglais. L'idée vient alors à Richard de rencontrer un jeune groupe français tout juste signé chez Riviera, filiale de Barclay, les Zoo. Léo dans un zoo ? Comme c'est amusant... Léo se montre récalcitrant. Qu'avons-nous à voir ensemble ?

Rien, effectivement. Lui ne jure que par Bartók ou Beethoven. Eux, c'est le blues afro-américain et le rock anglais, de Ray Charles aux Rolling Stones. Cheveux à l'épaule, le groupe des frères Hervé cherche à s'affranchir d'une formation classique, solfège, harmonie, étudiée au Conservatoire. Finalement, avec Léo, ils se lancent sur un 45-tours à deux titres, *La The Nana* et *Le chien.* 1970. Virage pop. Les radios accrochent.

L'aventure se poursuit. À l'occasion d'un concert de soutien au journal d'extrême gauche *Politique Hebdo*, une scène commune est organisée au Pavillon Baltard, la veille de la démolition de la salle en plein cœur des Halles. L'idée : Léo et Popaul en première partie, puis le rideau s'ouvre et Léo interprète ses deux chansons enregistrées avec les Zoo. Riffs de guitare de Pierre Fanen. Le public adore. Des grappes de jeunes s'accrochent comme du lierre au balcon de la salle. Patrick Ullmann prend une photo. Elle figurera sur l'album « La Solitude » enregistré dans la foulée. Mathieu Ferré, le fils du chanteur, en possède une réplique sous forme d'affiche, qu'il a accrochée, après sa mort, dans le bureau de son père.

Deux ou trois jours après le Pavillon Baltard, au studio Hoche, Léo dévoile une nouvelle composition au groupe Zoo, *La solitude.* Il s'agit d'un piano-chant écrit à la main. Le texte, incompréhensible, s'adresse plus aux sens qu'à la raison. On comprend tout, donc. On oublie la partition. Pour la première fois chez Léo, la musique est libre d'accueillir d'autres notes que les arrangements dûment couchés sur un score. Une méthode anglaise. Les musiciens interprètent une grille d'accords définie. La version offerte par les Zoo n'a plus rien à voir avec la version initiale de cette chanson dont Maurice Frot avait eu la primeur au casino de Cassis. Léo l'avait jouée au piano pendant que Popaul était allé se chercher à boire. Maurice avait pleuré, comme nous qui pouvons l'écouter vingt fois de suite sans nous lasser. De manière spontanée, les Zoo la relèvent d'un son blues-rock, très anglais, entre B.B. King et les Cream, avec un solo final de guitare arraché à une Gibson Les Paul.

Les garçons n'étaient pas sûrs d'en avoir bien saisi le sens. Les mots dégageaient pourtant une telle puissance. Les idées fusaient. Pour l'enregistrement, Léo ne leur donna qu'une indication : « Si vous ressentez quelque chose, jouez-le, je veux l'entendre avec votre instrument, votre son, vos vibrations. » Léo se servait d'eux pour emmener ses textes vers un autre support musical. Ils se prêtaient au jeu. Cet homme, un poète visionnaire, les fascinait. Lui se ressourçait auprès de cette jeunesse. Après deux ou trois prises, la chanson fut enregistrée. Léo gardait le *final cut*. En huit jours, ils enregistrèrent le reste de l'album. Si c'était bon, c'était bon. Aucune tension. Tranquille. Léo chantait avec le groupe, puis refaisait sa voix au propre sur le play-back orchestre. Ensuite mixage, là non plus sans se faire de nœuds au cerveau. La musique parlait d'elle-même. Puis ils déjeunaient ensemble.

Michel Ripoche, le saxophoniste et violoniste du groupe, n'a plus sa chevelure d'époque, lorsque nous le rencontrons à Belleville. Ses cheveux sont courts et blancs, comme ceux de Léo lorsqu'il l'a connu. D'emblée l'ancien Zoo a dit : « Si c'était pas pour Léo, je n'aurais pas rappelé. » Son violon l'occupe déjà assez, tous les jours, plusieurs heures de travail. Il s'est remis au classique, comme Léo l'y avait encouragé. Après des tournées en Europe, la mort de son batteur, qu'il a vu s'écrouler sur scène, emportant son instrument avec lui sous le poids de l'alcool, puis d'autres membres du groupe, il a poursuivi sa carrière d'instrumentiste, fasciné par l'usage qu'en faisait Jean-Luc Ponty.

Parler de Léo le rend heureux. Sa voix est étonnamment douce pour qui a traversé tant de turbulences. Son sourire, découvrant des dents du bonheur, ressemble à celui de Léo.

Ce type a changé ma vie, dit-il. Pourtant, combien de temps se sont-ils fréquentés ? Un an ? Deux ans ? Deux ans et demi ? « Léo possédait une énergie extraordinaire, explique-t-il. Avec lui, il n'y avait plus d'histoires de génération. La puissance de ce qu'il disait, sa vie, sa personnalité, étaient énormes. Même si ça a été bref, quand ça reste, ça reste. Nous étions le petit oiseau qui sort de la cage et c'est Léo qui a ouvert la porte et qui a soufflé pour qu'on s'envole. »

On les avait pourtant mis en garde contre le caractère sulfureux du personnage. Oh là là, vous allez accompagner Léo, c'est de la politique, c'est un anarchiste. Les Zoo s'en moquaient. Ils avaient vingt ans. Seule la musique importait. Les commérages aussi leur passaient au-dessus de la tête. Les histoires avec Madeleine ? Ils ne cherchaient pas à savoir. Ils se contentaient de la présence d'un homme d'une humanité, d'une gentillesse, d'une disponibilité extraordinaires. Ils le prenaient comme ça. Ensemble, ils parlaient de tout et de rien. Le moindre détail avait son importance, un geste, une anecdote. Les garçons ne voyaient pas le lien entre l'image qu'on leur en avait donnée et la réalité de l'homme. L'homme, bien qu'il ait des amis partout, défendait son droit à la solitude. Ils respectaient. Il ne fallait pas chercher à entrer dans sa tête. C'était un sage. Ils se sentaient bien avec lui.

La seule fois où ils ont parlé de politique, c'était à propos d'élections. « Vous votez, les petits ? — Bien sûr. Et toi, Léo ? — Ben non, vous savez bien. Vous avez écouté ce que je chante !? » Choqués, les jeunes gens avaient repris le sage : « Mais Léo, voter, c'est important ! » Dans un demi-sourire, Léo leur avait répondu : « Vous verrez... plus tard... » Michel Ripoche a bien conscience que cet homme les influençait. Il en jouait même. Si le violoniste se souvient encore de cet échange, c'est qu'il ne vote plus, aujourd'hui. Il ne fait plus cet acte. « Sûrement, il s'est passé quelque chose ce jour-là », pense-t-il dans le café de Belleville.

Léo a invité Michel Ripoche à venir le voir en Toscane. Michel était toujours occupé à autre chose, une tournée, un enregistrement avec David Bowie au château d'Hérouville, pour l'album « Pin Ups ». Le chanteur anglais avait les cheveux rouges. Rouges? Léo aurait aimé. C'était sa couleur préférée.

Un dernier souvenir avant de se quitter? À Mont-de-Marsan, la ville aux trois rivières perdue dans les Landes, jour de concert, les Zoo attendent dans les loges avant les balances. Il est seize heures. Léo débarque avec du pain. Il est allé rendre visite à un ami boulanger dans la campagne. Voilà, mon ami nous a fait du pain ; je vous l'offre. Les musiciens sont très émus. La Cène avant la scène.

À Florence, Léo n'avait rien perdu de ses habitudes. La pierre l'intéressait tout autant que les belles voitures. Un jour, il trouva son bonheur. Après qu'il en eut poussé la porte, une agence anglaise l'informa qu'une maison se trouvait en vente à une quarantaine de kilomètres de la ville. Tout en tuiles roses et pierres de taille, la construction datait du début du siècle. À proximité du village de Castellina in Chianti, la maison de San Donatino offrait le double avantage d'être relativement accessible tout en étant retirée. Un Italo-Américain criblé de dettes venait de la quitter à la hâte. L'homme avait brûlé sa fortune au poker. À Castellina, du boucher au plombier, tous se partageaient ses ardoises. Ainsi donc, Léo n'était pas le seul à abandonner ses maisons ?

Dès qu'il en franchit la porte, une petite grille en fer forgé ouvrant sur un patio avec une tonnelle, il s'y sentit bien. C'était en février 1971. L'hiver s'était installé. Avant la visite, Luigi Albrighi, le gérant de l'agence Adams, avait pris soin de lancer un feu de cheminée. Au bout de trois années à tourner d'hôtels en maisons de location, Marie-Christine et Léo eurent pour la première fois le sentiment de se poser enfin. Contrairement aux maisons que Léo avait habitées avec Madeleine, celle-ci ne paraissait pas lugubre. Ici, pas de remparts, de mers, de forêts qui encerclent, tout ouvrait vers le ciel. C'était la maison de Marie-Christine, la femme qui l'avait aidé à tenir debout. À peine avait-il eu le temps de poser sa brosse à dents que Léo voulut inaugurer le lieu d'un slogan-manifeste. Sur le mur extérieur, il écrivit un « Je t'aime » à l'encre bleue.

— Où est-elle ?
— Au deuxième rang, face au micro.
— Bon, on annule !
— Mais enfin, Léo, c'est complet !
— Vous vous démerdez. Je ne peux pas chanter, là, devant elle !
— Mais Léo, on ne va pas rembourser deux mille tickets. C'est impensable !
— Vous vous démerdez...

Paris, le 24 octobre 1972. Léo effectue sa rentrée à l'Olympia. Un déjeuner organisé chez Prunier avec Bruno Coquatrix l'a convaincu de revenir boulevard des Capucines. Depuis ses débuts catastrophiques en 1954, Léo avait toujours refusé de s'y produire à nouveau. *La maffia,* sa chanson raillant Bruno Coquatrix, le gérant de l'Olympia, n'avait rien arrangé. Félix Vitry, l'ancien associé de Coquatrix qui avait fait de Bobino la salle fétiche de Ferré, venait de mourir. Du coup, Léo ne voulait plus y chanter. Le retour de l'enfant prodigue dans la salle de music-hall avait mis tout le monde en joie.

Madeleine se trouvait là ce soir. Ainsi le suivrait-elle toujours ? Au Vieux-Colombier déjà, v'lan, premier rang ! Comment l'en empêcher? Madeleine payait sa place. Il lui était déjà difficile de chanter les paroles de cette vie-là... Sa venue s'inscrivait dans une période d'extrême tension entre eux. Alors que le divorce peinait à s'établir de renvoi en appel, Madeleine et Léo s'envoyaient des avanies par voie de presse. Des entrefilets dans *Le Nouvel Observateur* se faisaient le relais de leurs règlements de comptes. Madeleine y faisait état de la stérilité supposée de Léo. On ne pouvait mieux le piquer au vif. S'il avait fait du refus de toute descendance un argument libertaire, il rêvait en réalité d'avoir des enfants. Cette attaque paraissait d'autant plus invraisemblable que Léo était entre-temps devenu père.

Fleury, l'ancien régisseur de Bobino que l'Olympia venait d'engager, se chargea de négocier auprès de Madeleine. Elle était venue avec son nouveau compagnon. Elle accepta finalement de se décaler au troisième rang sur le côté. Le chanteur ne l'avait plus dans son champ de vision. La peur demeurait. Avant que le rideau ne s'ouvre, Léo s'adressa à son photographe Patrick Ullmann : « Si tu la vois fouiller dans son sac à main, tu te postes devant moi. Tu me protèges ! » Léo était persuadé qu'elle pouvait sortir un flingue. Maurice Frot confirma à Patrick Ullmann que, selon lui, elle pourrait vraiment le faire. Madeleine ne sortit pas d'arme de son sac.

L'épouse de Patrick Ullmann était au courant. Léo, toujours marié à Madeleine, avait un enfant. Bientôt, d'autres furent mis dans la confidence. Lors d'un passage à Liège, Léo vint avec Maurice Frot et Paul Castanier chez les Grooteclaes. Léo sortit une photo, qu'il posa sous les yeux de Ninette Grooteclaes et lui annonça : Tiens, regarde, c'est Mathieu. Mon fils. Pourquoi ne viendrais-tu pas l'été prochain avec tes trois gosses ? Ninette fut d'autant plus surprise d'apprendre la nouvelle qu'elle n'avait jamais rencontré Marie-Christine. Même les neveux et nièces de Léo n'avaient pas eu ce privilège. Lucienne, leur mère, avait expliqué que leur oncle avait refait sa vie. De là, un enfant... On leur avait suffisamment répété que Léo n'en aurait pas qu'ils s'étaient même familiarisés à l'idée qu'ils seraient un jour ses uniques héritiers. Eux aussi, donc, n'y crurent pas tout d'abord. Ils pensaient qu'il s'agissait d'un chantage exercé par une quelconque maîtresse. Mathieu avait déjà trois ans. Léo avait attendu que le jugement de son divorce avec Madeleine fût prononcé pour communiquer la nouvelle. Pour l'heure, l'enfant restait caché. S'il lui arrivait de brouiller les pistes quant à sa propre naissance, Léo, là, pouvait dater exactement l'instant où cet enfant avait été conçu. Le 12 septembre 1969, « Mathieu a foutu le camp de moi, à deux heures du matin », prétendait-il. Il en parlait... On aurait cru qu'il l'avait accouché. Neuf mois plus tard, le 29 mai 1970, Mathieu voyait le jour à l'hôpital cantonal de Genève. Par mesure de discrétion, le bébé porta d'abord le nom de sa mère. Le fils de Léo Ferré s'appelait Mathieu Diaz.

À San Donatino, le petit garçon observait de loin le vieil homme à cheveux blancs noyé dans son nuage de fumée — peut-être trois paquets de Celtique par jour. Accaparé par ses pensées, ces mots et musiques qu'il prétendait dictés d'un au-delà, comme un magnétophone l'aurait fait, l'artiste remarquait à peine l'enfant quand il travaillait. Chacun avait ses jouets, un stylo, un piano, un ampli Sansui et un magnéto Nagra dernier cri rapporté de Suisse pour l'un, des petites voitures en plastique pour l'autre. Chacun se maintenait à bonne distance, tel que l'exigeait le précepte maison qui voulait qu'on ne cherchât pas à s'immiscer dans l'intimité de l'autre. Cela valait pour les adultes, cela valait pour les enfants. Mathieu, l'enfant projeté dans un monde d'adultes, avait installé sa salle de jeux dans l'ancienne chapelle romane qui servait de buanderie, au sous-sol. Il s'amusait, se faisant seul les questions et les réponses, coupé des futilités du monde. Quelques marches plus haut, dans l'entresol de la Moquette, le vieil homme travaillait à son piano. Parfois, l'enfant s'endormait dans la mezzanine située dans la partie gauche de la pièce, au-dessus du piano. La musique lui parvenait. Aujourd'hui encore, il lui reste des souvenirs que, nous, pauvres mortels, ne connaissons qu'à travers des vinyles ou des rondelles compactes. Le père avait travaillé toute la journée. Il s'y replongeait après le dîner. Toutes les portes étaient fermées. Pour signifier qu'un repas était prêt, l'enfant se postait discrètement en haut de l'escalier de l'entrée, à main droite du vestibule. Il attendait. Léo comprenait qu'une pause s'imposait. Il y retournait, toujours, car il avait tant à dire, cet homme que les vacances angoissaient au point de n'en avoir pris que sur le tard, quelques jours en Irlande, en famille, avec des amis. Il travaillait durement pour qu'un jour son fils n'ait pas à le faire. Son fils ferait ce que lui n'avait jamais pu s'autoriser : le tour du monde.

Chaque jour, l'enfant se rapprochait du père. Quand il eut quatre ans, derrière la porte dérobée en vieux chêne travaillé au pied de l'escalier menant à la salle de travail, son père lui posa un casque sur les oreilles. Le vieil homme avait quitté son nuage de fumée et enclenché la touche Play du magnétophone à bandes. L'enfant découvrit l'opéra de son père, *La chanson du mal-aimé.* L'enfant aima. Il réclama d'autres musiques. Le père lui prépara des cassettes. Léo se revoyait gamin escaladant les remparts de Monaco à diriger des orchestres imaginaires. Mathieu était ses yeux, ses oreilles à lui. Il devenait lui.

Le monde ne tarda pas à découvrir le visage de l'enfant. En 1974, bel et bien divorcé de son ancienne femme, le père posa le visage de l'enfant en couverture de son nouvel album. L'objet avait été baptisé « L'Espoir ». Ce disque, le dernier chez Barclay, traversé comme un chant de résistance par « ces armes toutes prêtes qui attendent dans le ventre des Espagnoles », se présentait comme un ultime bras d'honneur lancé au visage de la femme qui n'avait su le faire père. Il ne savait pas encore ce qu'il apprendrait plus tard. Après la naissance d'un premier enfant, Madeleine s'était fait opérer. La pilule n'existait pas. Faute de contraceptif, cette femme qui avait beaucoup aimé avant de rencontrer Léo s'était rendue stérile. Léo ne put qu'en être outrageusement blessé. Quelle dissimulation... Ainsi, durant toutes ces années passées ensemble, à essayer, à se résoudre, à renoncer, avait-elle cultivé le mensonge, entretenant le doute, rejetant la faute sur lui. Ah, les années flouées...

À la sortie de « L'Espoir », le visage se démultiplia sur la devanture des disquaires, qui fleurissaient dans la France d'alors. La photo s'affichait autant comme une fierté que comme un reproche. Le mot « salope » aurait pu suivre. Le chanteur préféra y voir un hommage à sa descendance. La vraie postérité résidait dans ce visage-ci. Jusqu'alors Léo avait occupé cette place. Il la cédait à Mathieu, aussi vrai que Pépée avait en son temps trôné sur ses pochettes de disque. L'enfant était effectivement d'une grande beauté. Sa mère lui avait offert ses cheveux noirs de jais, fournis, épais, ainsi que le nez et le type espagnols.

Tout lui allait chez Mathieu, la grâce, la façon comme lui de râler et le besoin de ne pas parler le matin au réveil. Quand Mathieu disait : Je suis comme toi, le père s'extasiait. Bref, à cinquante-quatre ans, Léo se découvrait un nouveau rôle, celui de papa gâteau. Léo gaga. Et bien qu'il ne sache pas le langer, tâche confiée à Marie ou Danielle, Léo pouvait lui préparer une soupe ou un biberon. Sa contribution se limitait à ces gestes d'homme au foyer occupé à faire œuvre. Sa présence l'émerveillait.

Quelques mois plus tard, les journalistes à leur tour découvrirent l'enfant. En novembre 1975, Léo répétait pour les spectacles qu'il s'apprêtait à donner au Palais des Congrès. Près du boulevard Pershing, il signait son grand retour à Paris. Mathieu l'avait accompagné. Du haut de ses cinq ans, le gosse s'amusait, comme on s'amuse à cet âge-là, à saluer sur scène avec son père. Toute la presse en était témoin. L'avocate de Léo n'avait pas trouvé mieux que d'offrir à Mathieu une panoplie d'agent de police. Les photographes comprirent vite qu'une image s'offrait à eux : le fils de l'anarchiste patenté en habit de gendarme mimant les gestes de son père face aux cent vingt musiciens de l'orchestre Pasdeloup. Impensable ! Illico, on fit descendre l'enfant de scène, par crainte des flashes. On le ramena en Italie. Jusqu'à la pochette de l'album « On n'est pas sérieux quand on a dix-sept ans », en 1986, on ne le revit plus.

Deux ans plus tôt, 1973. Léo sort de scène.

— C'est qui, les connards qui m'ont bousillé ma chanson ?

— Ce sont des anarchistes, des autonomes... On n'a rien pu faire, Léo, ils ont défoncé la porte avec une barre de métal.

— C'est bien beau l'anarchie, mais ça a des limites !

À la Halle aux Grains de Toulouse, le porte-étendard de la cause libertaire voit rouge. Robert Charlebois, après le finale de son succès *Fu Man Chu* riche en décibels, lui a laissé la place. Léo s'est installé avec son pianiste, Paul Castanier. À peine le temps d'entamer le premier couplet de *Pépée*, « T'avais les oreilles de Gainsbourg, mais toi t'avais pas besoin de scotch pour les replier », qu'un immense badaboum a retenti du fond de la salle. Une grappe d'agités a fait voler en éclats la porte vitrée de l'entrée. Ils se précipitent maintenant vers le devant de la scène et lui massacrent sa chanson. Maurice Frot tente de s'interposer. Léo, lui, ne bouge pas.

Un tourneur de spectacles a eu l'idée de cette tournée commune au début de l'année 1973. Pierre Gairet a déjà travaillé avec Léo en 1964. Avec son agence Mazarine, il se fait connaître en développant une ligne éditoriale de chansons rive Gauche en rupture avec la doxa yéyé. Ensuite, avec Léo, il a retravaillé en pointillés. Neuf ans après, Léo n'a plus grand-chose à voir avec l'artiste de 1964. La star est immense. Sa voix se réinvente dans un slam hérité des trouvères américains The Last Poets. L'homme dresse le public avec les yeux ! Qui s'en trouve stupéfait. Les marchands de culture pressentent la manne. Pour accueillir cet artiste en pleine renaissance et les milliers de jeunes venus l'écouter, les salles traditionnelles ne suffisent plus : des halls d'exposition servent de salles de spectacles. Léo Ferré est le premier artiste français à draîner de telles foules.

Toutefois, pour limiter les risques d'une banqueroute, le tourneur a choisi de partager l'affiche avec une autre valeur en vogue. Robert Charlebois a vingt-neuf ans. Son succès *Lindbergh* l'a imposé dans une grammaire rock pour le moins inédite, un français relevé de joual. Ce patois québécois, mélange de chiac et de mots anglais, offre des tournures lexicales singulières. Le jeune Québécois possède un look non moins incroyable. À côté de lui, Jimi Hendrix passerait pour un chauve. Quant à son groupe, le Vilmore Band, il s'annonce dans une cavalerie sonique. Cette équipée sauvage nécessite un tour bus. Léo, lui, se déplace en voiture, avec Popaul et Maurice. Pierre Gairet et son jeune assistant Daniel Colling les suivent dans une deuxième voiture.

Les tournées s'effectuaient sur les routes. En voiture, la promiscuité permettait de se connaître mieux en quelques semaines que certains voisins de bureau à la Sécurité sociale en trente-cinq ans de vie professionnelle. Vingt-quatre heures sur vingt-quatre à user le cuir de la DS, à partager des chambres d'hôtel, à casser la croûte dans des relais routiers. On jouait, on dormait, on dînait ensemble. Rapidement, une gêne s'installa. Les deux chanteurs s'évitaient. L'un se réfugiait dans son tour bus, tandis que l'autre se cloîtrait dans sa chambre d'hôtel. D'autres problèmes s'agrégèrent à ces susceptibilités égotistes. Léo avait exigé un cachet fixe. Découvrant la foule qui se pressait dans les salles, il demanda à réviser les termes de son contrat afin d'être intéressé au pourcentage. Les ennuis pointèrent avec la production, qui resta sur ses positions, avançant la lourdeur d'une telle tournée en termes d'investissement. Léo, lui, faisait ses calculs : cinq mille personnes fois 15 francs égalent 75 000 francs ! Impression d'être volé. Un avocat, dont les artistes sont entourés aujourd'hui jusqu'à l'excès, lui aurait aisément expliqué le coût des charges fixes...

Léo avait appris à connaître les anarchistes. N'étaient-ce pas eux, alors qu'il soutenait leur cause, qui l'avaient souillé de leurs crachats à la Mutualité ? 1970. Le spectacle s'intitulait « Un chien à la Mutualité ». Léo en était ressorti la tête vidée, la chemise et le pantalon dégueulassés. Tomates, choux-fleurs... Le petit peuple des barricades y avait libéré ses pulsions. La scène était devenue le temps d'une soirée un ring de boxe. On avait payé pour voir. Oui, mais lui ? Il n'exprimait en réalité qu'une fracture personnelle, certes à teneur insurrectionnelle. L'histoire se bâtit de la sorte, le gant se retourne de l'intime à l'universel : chansons d'amour donc révolutionnaires, chansons révolutionnaires donc d'amour. Il s'y voyait, se retrouvant au temps présent de la rupture, de *sa* rupture. Eux aussi s'y voyaient. Les routes se croisaient. Les cocktails Molotov servaient de trompe-l'œil à la Voie lactée tandis que le chanteur effectuait sa remontée du fleuve. Les enfants de bourgeois s'insurgeaient. Comme lui. Il ouvrait la voie, ne rechignant d'ailleurs pas à soutenir ces frères d'armes qu'étaient les militants anarchistes. En sortant de scène, un soir, à la Mutualité, il avait répondu à son public d'ingrats : « Et le poète vous emmerde ! »

En 1973, les mêmes revenaient en découdre. Boulons, bouteilles envoyés à Toulouse, prises de parole impromptues du public, jusqu'à ce tire-fond de rail jeté du balcon en direction du pianiste Popaul dans une ville du Nord : Léo risquait sa peau, Popaul aussi. Les cigarettes jetées sur scène pouvaient à tout moment provoquer un incendie... Bastons générales, invectives... À chaque date, la tension se montrait plus vive. Dans ce public composé à 95 % d'étudiants, des agitateurs remettaient en cause le statut de l'artiste, autonomes, militants de la Gauche prolétarienne, mouvances nées de l'après-1968 qui tenaient la contestation comme horizon ultime et la gratuité comme idéal culturel. Un artiste qui gagne de l'argent sur le dos de son public ?! Et pourquoi des flics devant la salle ? À Bordeaux, une délégation d'handicapés en fauteuil roulant s'était même invitée au micro. « Vous saviez que nous, les handicapés, on a organisé toute la soirée, et ces salauds de Charlebois et Ferré, ils prennent 80 % de la recette ! » Charlebois et Ferré n'étaient même pas au courant qu'ils devaient reverser quelque chose !

Un être de violence, d'assurance, de certitude, de volonté de puissance ? Que lui reprochait-on au juste ? Ses chansons ? Non, de laisser sa voiture de luxe au coin de la rue pour arriver à pied dans des théâtres de banlieue. Il parlait trop haut, trop fort désormais. On lui reprochait le prix de ses concerts, qu'il osait faire payer, lui l'anarchiste. Pffff... Tais-toi ! Pourquoi se justifier ? Il n'avait volé, exploité personne. À force, il devrait s'en expliquer. La liberté, c'est l'argent ; l'argent, c'est la propriété. Il n'avait pourtant de comptes à rendre qu'à lui-même. Dialogue recréé dans *Eh basta* avec une chanteuse taulière de cabaret croisée à ses débuts, lui le fils de bourgeois monégasque parti vivre sa bohème :

— Dis donc, Léo, ça ne te gêne pas de gagner de l'argent avec tes idées ?

— Non. Ça ne me gênait pas non plus de ne pas en gagner avec mes idées, toujours les mêmes. Vois-tu, la différence qu'il y a entre moi et M. Ford ou M. Fiat, c'est que Ford ou Fiat envoient des ouvriers dans des usines et qu'ils font de l'argent avec eux. Moi, j'envoie mes idées dans la rue et je fais de l'argent avec elles. Ça te gêne ? Moi, non ! Et voilà !

Léo songe alors à tout arrêter — ce que fera Pierre Gairet à l'issue de cette tournée, revendant son agence de spectacles pour se reconvertir dans un tout autre métier, antiquitaire. Après les concerts, la DS bordeaux aux ailes crème file dans la nuit. Léo s'enfonce dans le cuir de la Citroën. Sa tête bascule en arrière. Il est vidé, comme après un meeting. Il a négligé les journalistes, les autographes. Léo, le peuple aura ta peau ! Il a tout entendu. Il est loin. Son pantalon est souillé. Le public a payé pour l'invectiver. Lui n'a pas quitté la scène, tandis qu'une pluie de crachats s'est abattue comme autant de flèches sur ce saint Sébastien de l'amour. On lui a jeté des tomates, on l'a interpellé, on l'a insulté. Il a répondu, s'agaçant, s'énervant, postillonnant de plus belle, scrutant le public à la recherche du prochain Judas, sur scène, là où l'air se fait rare, se délectant au sommet de l'orgueil des réprouvés, ce nectar, pour se sentir plus christ que le Christ. Tais-toi, p'tit con ! Ça y est, il a répondu. La scène reconquiert le silence. Dans la DS, un rideau d'épuisement, de lassitude et d'incompréhension s'est formé. Du bout de ses tirades longues comme ses cheveux, il ne semble plus être aux yeux des incroyants qu'une marionnette jetée par-devers soi. Il ne chante d'ailleurs plus, il déchante, littéralement, comme on apprend à ne plus chanter. Il ne sort même plus dîner. Seul, il s'enferme dans sa chambre d'hôtel et se prépare des pâtes sur un petit réchaud à gaz. Il faut s'enfermer, comme entre les quatre murs d'une forteresse à laquelle son statut d'idole le contraint.

Les persiennes de l'appartement de l'avenue Saint-Michel à Monaco sont baissées. L'appartement est plongé dans la pénombre. Marie-Christine se trouve déjà sur place. Le corps de Joseph Ferré repose sur le couvre-lit d'étoffe molletonnée rose de la chambre à coucher. Il vient de s'éteindre, le 6 avril 1973. Léo n'a pu lui parler. La tournée de concerts l'a fait arriver trop tard. Son père était déjà parti lorsque Léo a débarqué à Monaco. Léo s'approche de Marie-Christine et lui dit : Dans le fond on ne se sera pas beaucoup vus.

D'ici, on pourrait presque apercevoir le chemin que toute sa vie Joseph Ferré, petit homme sec à moustache et raie au milieu, le corps serré dans un costume agrémenté d'un nœud papillon, a emprunté. De l'avenue Saint-Michel au casino de Monte-Carlo, dix minutes à pied suffisent. Chaque jour à l'heure du déjeuner, il faisait le trajet avant de le reprendre dans l'autre sens. La ville avait changé sans qu'il s'en aperçoive. À force de répéter les mêmes gestes, les mêmes mouvements, il n'a pas vu que Monaco n'était plus ce petit village au style rococo qu'il avait connu au début du siècle. Les façades jaunes, bistre et ocre des petites maisons bourgeoises du XIXe siècle se reflétaient désormais dans les vitres des gratte-ciel. L'immeuble à quatre étages du 9 avenue Saint-Michel se débattait entre deux buildings. On ne voyait plus le ciel. Des grues l'occupaient. Avec son épouse Marie-Charlotte, Joseph Ferré n'avait pas bougé de ce petit trois-pièces depuis qu'ils avaient commencé à le louer en 1912. L'appartement était le périmètre où Marie-Charlotte se sentait en sécurité. Ils auraient pu spéculer. Ils en avaient les moyens. Toute forme de changement effrayait Marie-Charlotte. L'humidité des Œillets, que confirmaient des nuées de moustiques, curieusement la rassurait.

Joseph Ferré n'était pas monégasque. Qui, d'ailleurs, plus que lui, pouvait se prétendre de ce pays ? La principauté l'avait recueilli, nourri, élevé. Il était né le 10 décembre 1887 à Nice. À l'âge de dix ans, il avait perdu son père. Deux ans plus tard, à quelques jours de sa communion solennelle, sa mère partait à son tour. Un oncle, marié à une sœur de son père, à la tête d'une entreprise de maçonnerie, le recueillit, le prit sous son aile. Il le forma. À la dure. Afin de ne pas perdre le rythme, même le dimanche, il le faisait se lever à quatre heures du matin ! Un jour, l'oncle lui administra une baffe. Joseph, Benezet, Marius Ferré décida de partir. Il quitta Nice et la « plus belle rivière du monde », le Paillon, pour s'en aller faire fortune à Monaco. Il avait vingt ans. Une demi-heure séparait Nice de son nouvel exil.

Le 1er mai 1908, la Société des bains de mer engagea Joseph Ferré comme conducteur des travaux au Service de l'architecture. En janvier 1912, il fut promu au Secrétariat général des services extérieurs. Le 16 novembre 1920, il devint attaché au Secrétariat général. Quatre ans plus tard, le 5 janvier 1924, il fut nommé, par décision du conseil d'administration de la Société des bains de mer, secrétaire principal au Service du personnel. Le 29 décembre 1937, il connaissait une nouvelle promotion, sous-directeur du personnel, pour devenir le 26 mars 1945 directeur du personnel. Trois mille cinq cents personnes se trouvaient sous sa responsabilité. Le 31 mars 1953, il prit sa retraite.

Joseph Ferré marchait en sifflotant, tout comme il chantonnait en se rasant, au sabre, sur un air de Maurice Chevalier, un tagada tsoin-tsoin tandis que la lame lui effleurait le visage. Il arrivait à cette espèce de vibrion de répéter cinquante fois les mêmes blagues. Ainsi, en chemin, s'arrêtait-il chez le marchand de journaux et demandait : Bonjour, madame, auriez-vous des croissants, s'il vous plaît ? Autre jeu d'esprit : Gentil, gentil, gentil, susurrait-il d'une voix doucereuse à un de ses petits-fils, avant de le griffer d'un coup. Il fumait des Toscano, ces cigares torsadés à vous faire sortir de la pièce. Les gens riaient à ses blagues. Nerveusement. Joseph Ferré occupait une place stratégique du petit royaume monégasque. Il avait l'oreille du prince.

La Société des bains de mer était l'employeur principal de la principauté. Depuis qu'elle y avait introduit les machines à sous dans les casinos, la SBM irriguait tout le Rocher de sa manne céleste. Elle entretenait tous les Monégasques. Une large partie d'ailleurs était dispensée d'impôts. La principauté protégeait ses ressortissants d'eux-mêmes : l'accès aux jeux leur était interdit. L'arrivée des Russes blancs, après la révolution d'Octobre, avait donné un essor à la SBM. La venue du Tout-Hollywood, après le mariage du prince Rainier avec Grace Kelly, avait encore marqué un tournant dans les années 1950. Les milliardaires se retrouvaient au Palm Beach ou au Grand Prix de Monaco. En 1973, le prix du mètre carré avoisinait les 100 000 francs. Une fortune à l'époque !

À la place qui était la sienne, l'orphelin tout-puissant put placer les nombreux neveux et cousins de son épouse à des postes clés du royaume. Mathieu Choisit, fils de l'une des sept sœurs de Marie-Charlotte, prit ainsi la tête des jeux du casino. C'est à lui qu'on doit l'installation de banques dans les casinos après qu'un Italien, à court de cash, s'est vu obligé de repartir, en Ferrari, chercher 50 millions en liquide à Cannes. Furieux, le joueur les déversa, à son retour, sur le tapis vert.

Avec sa bonne tête d'Américain, Mathieu Choisit était apprécié de tous, jusqu'à ce qu'il mette un jour à la porte du casino Aristote Onassis. Raide saoul, le célèbre armateur grec avait tapé le scandale. Mais Onassis était un actionnaire important de la Société des bains de mer... Le prince dut se séparer de son directeur des jeux, qui goûta, grâce à une belle compensation financière, aux joies d'une retraite anticipée.

Joseph Ferré le remplaça aussitôt par un autre neveu à lui, Albert Scotto, fils d'un frère de son épouse. Durant vingt-cinq ans, cet amateur d'art éclairé s'attela à sa tâche sans faire de vagues, tout comme un autre Choisit, Paul. Engagé comme chambellan auprès de la princesse Grace, le fils de Mathieu Choisit faisait honneur à sa fonction, assez homosexuel pour n'être pas troublé par la beauté magnétique de la blonde hitchcockienne, qui saisissait, à chacune de ses apparitions, le public de l'opéra de Monte-Carlo. Sa chevelure se découpait dans les rouges cramoisis de la loge, et son sourire avait une touche irréelle. Partageant l'intimité de la famille princière, Paul Choisit suivait la princesse dans tous ses déplacements.

Quant aux petits-enfants de Joseph Ferré, les enfants de Lucienne, les portes du royaume leur étaient également ouvertes. Ils pouvaient bénéficier d'une cabine au Palm Beach ou d'une place au deuxième rang à l'opéra de Monte-Carlo. Il n'y a guère que Léo qui n'ait pas bénéficié des largesses de la Société des bains de mer. Il aurait pu... C'était le fils de Joseph. Il suffisait de demander. Mais il se vivait comme un marginal, un canard boiteux, courant après du vent.

L'appartement des Œillets était resté dans son jus. Pour accéder à la chambre, il fallait passer par le salon-salle à manger, avant la salle de bains avec sa baignoire-sabot. Rien n'avait bougé, l'imposante commode avec ses deux gros vases dans l'entrée, et dans le salon minuscule, la radio à galène, où Léo restait jadis suspendu au récit de la traversée de Lindbergh au-dessus de l'Atlantique ; la photo colorisée de Joseph et de Marie-Charlotte façon Hubert Grooteclaes avec ses teintes pastel ; la table rectangulaire avec sa nappe en dentelle ; l'assiette sur le buffet avec une photo colorisée de Léo ; l'autoportrait de l'oncle Cam, caricaturiste au *Petit Niçois*, au-dessus du piano droit Heinbach couleur acajou avec ses deux chandeliers en bronze. La chambre des enfants se trouvait à l'opposé ; il fallait reprendre le couloir à partir de la porte d'entrée. L'enfance de Léo et Lucienne se trouvait au bout.

La religion, la politique, tout, en apparence, opposait Léo à son père. Ils avaient pourtant les mêmes colères. Joseph, quand il s'énervait, devenait tout rouge. Comme chez Léo, ces éruptions redescendaient aussi vite qu'elles étaient venues. En face, on restait sous le choc. Une scène durant la guerre. Léo n'avait pas combattu. Cela ne l'empêchait pas d'être du côté de Londres. Comme sa mère, Léo croyait aux forces du général de Gaulle. Son père, lui, était pétainiste. Un soir, dans la cuisine, alors qu'ils dînaient tous les trois, sans Lucienne, la discussion s'était engagée sur le terrain de la politique. Joseph était déjà bien énervé. Léo était arrivé en retard. La bouche remplie d'une salade de tomates, le père l'avait vertement réprimandé. C'était en 1941. Léo avait vingt-cinq ans. Répondant à une question sur les nouvelles du jour, Léo décréta : Les Allemands ont perdu la guerre ! Rien encore n'était joué. Le père se leva alors de sa chaise. Il se dirigea vers le couloir, où se trouvait une photo de son fils en soldat. Il saisit le cadre et le jeta au sol. Léo et sa mère ne disaient plus rien. Le père partit se coucher. Des éclats de verre jonchaient le sol. La mère rassura son fils : Ne t'inquiète pas, cette nuit, ton père se relèvera pour ramasser les morceaux. Durant la nuit, en effet, le père se leva et prit une balayette. Plus jamais le sujet ne fut abordé.

Joseph n'a pas su témoigner son admiration à son fils. Longtemps, il n'a pas accepté son mode de vie. Pourquoi ce monde de saltimbanques, cette vie de paysans inventée sur les hauteurs de Beausoleil ? Catholique rigoriste, pratiquant, président de la confrérie Saint-Vincent-de-Paul, Joseph ne ratait jamais la messe du dimanche. Alors, ce fils... Il ne pouvait comprendre ce qui l'avait tant éloigné de Dieu. Avec sa mère, il veillait sur lui. C'est ce qu'ils disaient, c'est ce qu'ils croyaient. Ils en étaient restés aux orchestres qu'il s'inventait, enfant, sur les remparts de Monaco. Une fantaisie. Le reste, ils ne l'entendaient pas. Question d'époque ? Ses « torchons », pamphlets d'hérétique se présentant à leurs yeux si pieux, leur faisaient honte. C'est dans cette croyance-là que Léo s'affirmait pourtant, à la seule place qui lui restait, celle de l'ange déchu. À la sortie de son premier recueil de poèmes, *Poètes, vos papiers !*, en 1957, le père lui avait écrit :

Ne nous envoie pas ton livre. C'est une véritable « ordure ». Il indique d'une façon précise la pourriture du milieu que tu fréquentes. Tu es en train de démolir une réputation morale acquise par toute une vie de travail et de dignité et jusqu'ici inattaquable. Pour l'usage que tu en fais, nous regrettons beaucoup de t'avoir donné le bagage intellectuel que tu as. À défaut d'autres considérations, le fait que tu n'es pas le seul à porter le nom de Ferré aurait dû t'inciter à éviter de le traîner dans la boue et à le préserver d'une souillure dont il ne se relèvera pas. Ta chère maman et moi, nous avons honte !

Le père s'en cachait à peine : il préférait Lucienne. S'il l'adorait, c'est parce qu'elle ressemblait trait pour trait à sa mère, Irma Appolonie Poucel. Pour Lucienne, n'avait-il pas, lui qui n'était jamais allé voir son fils à Bordighera, arrêté un train pour la rejoindre à Marseille ? Lucienne passait son bac. Paniquant à l'approche des examens, elle avait envoyé un télégramme à son père. Joseph l'avait rassurée : J'arrive. Le premier train en gare ne marquant pas l'arrêt à Monaco, Joseph se coucha en travers de la voie. Le train stoppa net.

Lucienne, c'est pour elle que le piano avait été acheté. On lui avait épargné les pensionnats, on lui cédait tout. Elle si douée, si intelligente. On s'en était remis à elle pour prendre sous son aile, à Paris, son jeune frère au moment où il entamait des études de dentiste. Au bout de six mois, Léo les avait délaissées pour faire du droit, avant de reprendre le piano, couchant en autodidacte des intuitions musicales transcrites d'après un poème de Verlaine, *Au soleil couchant*, ou bien au souvenir d'une symphonie de Beethoven, *Coriolan*, entendue au hasard d'une sortie de « prison », à son pensionnat de malheur.

Quatre carabiniers avaient été dépêchés à l'église Saint-Charles autour du catafalque où se trouvait le cercueil de Joseph Ferré. À travers la présence de ces hommes de 1,85 mètre coiffés de casques à plume d'oie, le prince avait témoigné sa reconnaissance envers un valeureux citoyen monégasque, décoré chevalier de l'ordre de Saint-Charles, la Légion d'honneur locale. Léo se trouvait au premier rang, Marie-Christine à ses côtés.

Quelques heures plus tôt, toute la famille avait débarqué aux Œillets, l'oncle Louis et son épouse, le neveu Michel et sa femme Christine, Jacques et son épouse, Marie-José Bergeron, d'autres neveux et nièces, leurs conjoints, d'innombrables cousins germains. Léo ne possédant pas de costume, il avait revêtu son habit de scène, une chemise et un pantalon noirs. Pour les chaussettes, il avait pris ce qui lui tombait sous la main. Elles étaient rouges. Lucienne le remarqua aussitôt. T'as vu les chaussettes de Léo ?!, s'émut-elle devant une tante Bergeron. Ça ne va pas du tout !

Nous étions en 1973. Aucun, dans la famille de Léo, n'avait adhéré aux idées de Mai 68. Une morale bourgeoise continuait de brider leurs esprits pourtant brillants. La société était pour eux restée figée dans les années 1930.

Ainsi avaient-ils pu néanmoins se tenir droit dans la vie et avoir des mariages qui tenaient le coup à force de restrictions et de règles strictement observées. Entre ces gens-là et le Léo de 1973 en chaussettes rouges, le fossé ne pouvait que se creuser.

Joc, le mari de Lucienne, refusa de porter le message à Léo. Lucienne demanda alors à son fils Michel de raisonner son oncle. Michel s'indigna : Non ! Mais, Maman, tu ne te rends pas compte de ce que tu me demandes ? Tu vois bien qu'il est malheureux comme les pierres. T'as vu la tête qu'il a ?! Et tu veux lui parler de ses chaussettes ! Son père est mort ! Il s'apprête à l'enterrer !

Léo n'avait pas cherché à choquer. Le vestimentaire ne l'intéressait que très relativement. C'était effectivement l'heure où l'on fait les comptes, le moment où l'on ne triche plus. Son père était mort. Il n'y avait plus de Léo, plus de héros. Difficile de se planquer. Léo pleurait. Au fond, on ne se sera pas beaucoup vus... En arrivant aux Œillets, sans certitude d'être entendu, il avait essayé de parler une dernière fois à ce père rendu sourd à jamais.

Quelques semaines après la mort de son père, une lettre arriva en Italie, pendant le week-end de la Pentecôte. Léo n'en comprit pas le sens. Maurice et Popaul lui signifiaient leur démission conjointe sans préavis. Des concerts étaient prévus. Ils ne s'y rendraient pas.

Depuis 1968, ils avaient été de toutes les missions. Pas un jour, ils n'avaient manqué à l'appel. De tours épiques en vagabondages, ils avaient consigné toutes les errances de l'après-Madeleine. Parce que c'était lui, parce que c'étaient eux, on était sûr de trouver l'un si l'on cherchait l'autre. Ils avaient besoin de lui, comme lui avait besoin d'eux. Popaul et Maurice étaient ses yeux, ses oreilles, ses mains, sa décision. Jour après jour s'était établie à leurs côtés la chronologie de ce qu'il est convenu de nommer les années de feu de Léo Ferré. De la France à la Suisse, les trois hommes vivaient à rebours une adolescence qu'ils n'avaient pas connue. Les câbles d'alimentation sectionnés à Poitiers pour couper la sono, les deux cents perturbateurs sur scène à Toulouse, les appels au meurtre lancés par Jean-Edern Hallier dans *L'Idiot international* avaient resserré les liens. Ils avaient fait la guerre ensemble.

Le jeu en valait la chandelle. Grâce à Léo, Maurice Frot

avait pu s'épanouir comme écrivain. Son âme d'artiste s'était éveillée au contact de l'idole. Léo lui avait délégué tout pouvoir de filtrer les demandes. Ses accords de principe ou ses refus lui conféraient une place privilégiée. Paul Castanier, lui, bénéficiait d'un autre pouvoir. Sur un mot, une moue dubitative, il pouvait faire déchirer une chanson. Auprès de Léo, son avis comptait plus que tout. N'avait-il pas d'ailleurs contribué à déverrouiller les cadres ? N'était-ce pas lui qui, en pleine répétition du *Chien*, avait suggéré de lire le texte plutôt que de le chanter ? Ainsi, avait-il entrouvert la porte aux longs récitatifs qui envoûtaient tant le public jeune.

Maurice Frot s'aventurait peu à donner son avis. Son rapport avec Léo évoquait celui d'un groupie. Avec *Le chien*, présenté en 1970 à la Mutalité, il s'y risqua néanmoins. Sur le moment, Léo n'avait pas été sûr de bien entendre. Quelques critiques venaient d'être émises sur le caractère verbeux de la chanson. Maurice Frot s'était engouffré dans la brèche. « Je te l'avais bien dit, Léo, il faut qu'on enlève ça ! — Comment ça, Maurice ?! Il faut que QUOI ?!!!! Que quoi, ON ?!!! »

Ça y est, Madeleine revenait, et à travers Maurice ! Une Madeleine *bis* ? Non merci ! Si avec Madeleine il y avait moyen de se raccommoder sur l'oreiller, les rapports avec Maurice n'offraient pas cette issue de secours. Le rôle de Maurice était bien défini. Il consistait à protéger Léo de la foule. À partir de là, Léo s'est méfié. Maurice avait des parts dans la SCI de l'île du Guesclin. Trop lui avait été accordé. Maurice savait tout de la vie de Léo. Léo s'était beaucoup confié. Dès lors, Léo craignit que Maurice le manipule, le poignarde s'il n'obtenait pas sa part du gâteau. Les revendications grandissantes de Maurice sur le plan de l'argent ne pouvaient que le conforter dans ses craintes. Le moment était donc venu pour Léo de penser, comme cela se présentait toujours dans ses relations, qu'on l'aimait par intérêt. Il guettait toujours le moment de la trahison. Je te l'avais bien dit, je te l'avais bien dit, répétait-il alors. Ses deux copains, Bille et Loulou, l'avait bien trahi au pensionnat. C'était mal connaître Maurice. Même s'ils ne devaient plus se voir durant vingt ans, Frot n'a jamais vendu son ami.

Avec Popaul, une rancœur pointait également. Bien sûr, ses discussions philosophiques, son regard sur la société, dévoilant une personnalité assez forte pour s'afficher gaulliste en 1968, étaient aussi indispensables dans une vie de tournée que son avis sur les chansons. Lui aussi s'octroyait trop de liberté. Sur scène, on ne voyait plus que lui. Deux vedettes, c'en est forcément une de trop. Tu commences à faire chier avec tes schumanneries, lui avait fait remarquer Léo. Oui, mais Popaul était un génie. Un génie ne connaît pas de limites. Il jouait, déformait, arrangeait la partition. Quand il jouait, des orchestres se dressaient sous ses yeux aveugles. C'était l'ami de Léo. Lui aussi avait ses remparts.

De Popaul, on ne sait pas grand-chose. Aucun témoignage n'existe véritablement sur lui, à part une vague note Wikipédia. Tout passe, comme sa musique, par ce que ses proches ont pu retenir. Lui non plus n'avait guère d'informations. Il n'avait vu son père qu'une fois ou deux. À son propos, on a parlé d'un frère de Saint-Exupéry, avec qui sa mère aurait eu une relation à Alger. Paul Castanier grandit en Algérie. Par l'emploi d'un mauvais collyre durant sa prime enfance, il devint aveugle. Il fut alors envoyé en métropole intégrer une école pour non-voyants. Sans jamais se résoudre à la lire, même sur des partitions en braille, il apprit la musique. Seule l'oralité comptait pour lui. Ce musicien à la pensée présocratique s'avérait une des personnes les plus cultivées, les plus intelligentes que Léo ait été amené à rencontrer. Depuis André Breton probablement, Léo ne semblait avoir partagé pareille complicité intellectuelle. Avec Popaul, la partition se recréait à l'oreille. Ainsi, durant sa formation à l'école de musique, avait-il réussi à bluffer le jury. Une suite de Bach figurait au programme. Trois jurés décernèrent un 19 sur 20, le quatrième un 0. Pourquoi ? En réalité, Paul Castanier n'avait pas joué une seule note de Bach. Il avait tout inventé. Bach ! autant dire la musique.

Depuis que Léo l'avait entendu, en 1957, chez Plumeau, un cabaret de la butte Montmartre, Léo l'avait adopté comme un des nombreux fils qu'il n'avait pas enfantés. Popaul lui témoignait un égal respect. Il l'appelait Tonton. Dans la culture arabe, ce mot ne signifie pas « mon oncle », mais « mon père ». Il n'y avait donc pas que la musique. Paul Castanier, cet homme qui n'avait pu connaître son père, avait redirigé vers Léo toute son affection, qui avait dix-neuf ans de plus que ce fils spirituel, né le 5 juillet 1935. Léo l'encourageait à suivre sa voie. Popaul ne laissait aucune trace de son génie sur bande magnétique. Pour réparer cette injustice, Léo alla trouver Barclay. Il remua ciel et terre pour que son pianiste d'exception puisse enregistrer son propre album. Un rendez-vous fut pris. Barclay céda à toutes ses exigences. L'affaire fut conclue. Léo et lui se quittèrent pour les vacances. Et le courrier arriva. Popaul, du fait de son handicap, n'avait pu rédiger la lettre. Pourquoi avait-il rallié la cause de Maurice ? Pourquoi cet ami le trahissait-il ?

Léo avait maintenant une famille. La place dès lors s'était réduite pour Popaul. À cela s'ajoutait que Popaul ne supportait plus les propos du Tonton. La tension avait monté d'un cran avec le texte d'*Il n'y a plus rien*. Léo touchait des sommets. Avec ses longs cheveux blancs évoquant dans le halo des sunlights l'image d'un vieux soleil, un contre-jour que Patrick Ullmann avait opportunément saisi pour la couverture de l'album éponyme, Léo s'était définitivement imposé comme un prophète. Son image se démultipliait. « Quand je vois un couple, je change de trottoir », chantait-il. Un choc, véritablement. La jeunesse de l'après-1968 buvait ses paroles. Aux yeux de Popaul, Léo était devenu un joueur de flutiau trop influent. Mesurait-il l'impact de ses longs propos nihilistes sur ces esprits en pleine formation ? Sa main fouillait le cerveau d'un public en pleine quête intellectuelle. Il n'y avait pas que Sartre. Comme sous hypnose, les salles psalmodiaient les pamphlets hérétiques de Ferré. Tête vrillée, elles en redemandaient. Léo s'imposait comme un guide. D'ailleurs, n'était-ce pas cela que lui reprochaient inconsciemment les saliveurs des premiers rangs, comme une vaine tentative de résistance face à un courant qui les emportait malgré eux ?

Pour le concert prévu quelques jours plus tard à Annemasse, à la frontière franco-suisse, Popaul ne l'accompagnerait pas. La boucle était bouclée. Cinq ans après le concert d'Elbeuf sans Madeleine, Léo se retrouvait à nouveau seul. Il s'est enfermé dans son bureau, au sous-sol de San Donatino. À l'aide d'une paire de ciseaux, il a effectué un montage de ses bandes play-back orchestre. Faute de musiciens, il se créait un orchestre de toutes pièces, de ses mains, sur son magnétophone Nagra rapporté de Suisse. Un ingénieur du son milanais l'accompagnerait. Le concert ne serait pas très au point. Surtout, une profonde solitude se dégagerait de ce récital. Personne ne remplacerait jamais Paul Castanier. À part pour ses orchestres convoqués au coup par coup, jamais plus Léo ne jouerait avec des musiciens. Ainsi, le visage, le doigté de Popaul resteraient-ils intacts dans le souvenir. Bientôt, Marie-Christine serait de la tournée Ferré.

À la fin de l'année 1973, Léo doit enregistrer un nouvel album. Richard Marsan s'enquiert de la teneur de ses nouvelles chansons. Léo n'en a qu'une, *Ni dieu ni maître*, écrite d'après cette expression d'André Breton tirée d'*Arcane 17*. À part cela ? Je peux faire une préface, répond le chanteur à son directeur artistique. Ce texte, *Et... basta !*, se déploie en une trentaine de feuillets. Léo y raconte tout, de sa vie passée jusqu'à ce moment précis où il en évoque le projet. L'objet, ovniesque dans la chanson française, a pour objectif de sceller une vie sur un support. Léo, qui s'est toujours refusé à se plier à l'exercice du divan, les « neuros » lui semblant incapables de comprendre les bulles de gaz qui se sont formées dans son cerveau, pense se réconcilier là une bonne fois pour toutes avec son passé. L'art l'a aidé à tenir debout. Les mots étaient ses feuilles mortes, dont se recouvrent les animaux à l'approche du danger. La vie ne tient qu'à un vaisseau sanguin qui peut rompre à tout moment dans le cerveau. Il l'a écrit dans son agenda de 1971. Avait-il connaissance de la chimie qui s'opère dans le cerveau d'un enfant abusé ? Des axiomes, des synapses grillent comme sous électrochocs. Les bulles de gaz, c'était peut-être cela. Depuis cette enfance volée à Bordighera, il devait le ressentir au plus profond de sa chair. Il aurait pu en parler. Il préférait rester le soir devant ce ciel brouillé, où il écrivait, pour rechercher ce qui lui échappait de son récit autobiographique. Il consignait son passé, cherchant à comprendre l'énigme.

Les souvenirs, c'est du présent discutable... On est d'hier, toujours.

Déjà, en janvier 1961, il s'était dévoilé à la faveur d'un autoportrait pour la radio Europe n° 1. Son enfance, son anarchisme, son identification aux animaux y étaient expliqués. Il disait voyager autant dans le passé que dans l'avenir. Griller une cigarette à une terrasse de café en l'an 4000, il s'y voyait. Deux ans plus tard, en 1963, il se revisitait à travers une lecture commentée de son agenda de l'année 1953. Une décennie de recul lui permettait de redévelopper les perspectives d'alors. Le document, relié comme un mémoire d'université, repose en Toscane. Là, dix ans encore ont passé. En 1973, il a divorcé de Madeleine, il s'apprête à se marier — pour la troisième fois — avec Marie-Christine. Ses amis l'ont quitté. Bientôt, il rompra également les amarres avec sa maison de disques, Barclay. *Et... basta !* condense en trente-cinq minutes et dix-sept secondes un passé qui lui remonte à la gueule. Alors qu'il reverdit dans sa campagne toscane, Léo revient une dernière fois sur le tumulte d'alors, vie parisienne des cabarets, vie mondaine qu'il fuit dans la nouvelle vie de paysan qu'il s'invente en Italie. À l'âge de la retraite, sur les percussions de Marc Chantereau, la guitare de Paco Ibáñez et le piano de Léo traversé de zébrures magnétiques, le chanteur tourne une bonne fois pour toutes le dos à ce temps dont une décision du juge ne pourra le tenir éloigné. Il commence tout juste à vivre, pouls haletant contre la poitrine généreuse de Marie-Christine.

Je suis un vieux corbeau migratoire qui court après une charogne comme un chien de course après le leurre...

En Toscane, une vie autonome s'était organisée. S'il n'y avait eu les enregistrements, la promotion, les concerts à Paris, Léo n'en serait plus reparti. Sa base de repli à Milan, où Paolo Bocchi, l'ingénieur du son d'un petit studio indépendant, l'aidera bientôt à accoucher ses nouvelles productions, n'était pas encore à l'œuvre. Cette période, dont il possédera l'entière maîtrise, de la composition à la production en passant par les arrangements et la direction d'orchestre, débutera à la rupture de son contrat avec Barclay en 1974 puis son bref passage chez CBS l'année suivante. Durant ces vingt-deux ans de renaissance toscane, vingt-trois albums verront le jour. Ces projets sous sa main, simples, doubles, triples, s'imposeront comme le personnage se démultipliera à tel point qu'on n'en verra parfois plus le centre, poupée russe, mille-feuilles de chansons fleuves, de propos hallucinés, visionnaires, gonflant comme le vent dans ses voiles de thonier. Une production dantesque qui tentera d'éclipser ses années discographiques avec Madeleine. Qui sait ce que le passé nous réserve jamais.

Le 7 novembre 1975, au lieu pratiquement de son ancienne adresse avec Madeleine, Léo Ferré donne la première des vingt-quatre représentations qui doivent se tenir dans la salle flambant neuve du Palais des Congrès. Ces concerts s'annoncent comme les plus importants de sa carrière. Léo y confronte sa musique, celle qui lui tient à cœur. Être poète, chansonnier ne suffit plus. Il veut Ravel, Beethoven, avoir neuf ans à nouveau, rien qu'une heure, revivre vingt-quatre fois l'année 1925 d'avant son départ pour le pensionnat, reprendre le fil de son récit là où il s'était rompu cinquante ans plus tôt. Fermer les yeux, c'était à nouveau sentir le sourire de Ravel se poser sur lui. En 1931 ou 1933, Léo ne se souvient plus exactement, son oncle maternel Albert l'avait emmené à une répétition dans une salle de théâtre attenante au casino de Monte-Carlo. Alors que le pianiste manchot Wittgenstein répétait le *Concerto pour la main gauche* sous la baguette du chef Victor de Sabata, le génie basque avait envoyé un signe complice au jeune garçon. En 1925, il avait pareillement vu Toscanini diriger *Coriolan* de Beethoven. Être chef d'orchestre tient du caprice. Déclencher des sons du bout des doigts, c'est entendre le désir des autres plier à sa volonté propre. Un boulot de tyran ! Un travail de gamin !

Chaque soir trois mille personnes applaudissent un monsieur de neuf ans qui crut, un jour, que Beethoven comblerait l'absence du père. L'affiche du spectacle a été réalisée par Patrick Ullmann. On ne voit plus Vieux-Soleil, comme sur la pochette de « Il n'y a plus rien », mais Léo Beethoven, oui Bitovan, selon la bonne blague des frères à Bordighera, donnant un coup de poing à la musique, geste du bras saisi dans toute sa fureur sourde par ce même photographe qui a capté toutes les transformations de Léo depuis le Bobino de 1969.

Le programme s'organise en deux parties : d'une part, des œuvres à lui, *La vie d'artiste, Préface, L'oppression, Les amants tristes, La mort des loups, La solitude, Muss es sein es muss sein, L'espoir, La chanson du mal-aimé*; d'autre part, le *Concerto pour la main gauche* de Ravel et *Coriolan* de Beethoven. Chaque période de sa vie est représentée dans un éventail kaléïdoscopique. Sous ses coups de baguette, son art, qu'il pensait à tort mineur, se retrouve confronté à l'art majeur de ses modèles. Pour cela, il se prête à une mise en scène pour le moins insolite. Afin de pouvoir chanter en dirigeant, il tourne le dos à l'orchestre, les cent vingt musiciens Pasdeloup placés en arc-de-cercle autour de lui, afin que le public puisse voir le chanteur.

Le livret s'ouvre sur deux lettres reproduites en vis-à-vis. On y trouve la fameuse lettre de son père envoyée à la sortie de son recueil, *Poètes, vos papiers !* En face, Léo a fait imprimer le courrier que le philosophe Gaston Bachelard lui a posté à la même époque à propos du même recueil.

Merci de m'avoir envoyé vos poèmes si aimablement dédicacés. Ils mettent de la joie dans le souffle, sur les lèvres. On se sent plus vivant après avoir lu. J'aime, je le confesse, les beaux alexandrins. Vous savez les libérer quand il faut. Vous avez bien raison d'élider des « s » qui veulent sonner du « z ». Je suis champenois. Au régiment, il y a un demi-siècle, on disait de nous, habitants de l'Aube : ce sont des haubiens qui ont du poil dans les horeilles. La vie m'a appris quelques « liaisons » mais tout de même, le pluriel passe la mesure quand il dérange la mesure. Tout cela pour vous dire que je ne vous ai pas lu seulement mais que je vous ai entendu.

Cordialement à vous.

Son père lui avait dit : La musique ne nourrit pas son homme. Vraiment ? Vingt ans après ses débuts au Petit Pershing, marqués par la venue du prince Rainier, le fils aurait pu lui montrer combien de personnes sa musique nourrissait désormais. Mais le père était mort.

Deux jours avant la première, un autre courrier parvint à Léo. La lettre émanait du ministère des Finances. Elle était adressée à Roland Hubert au Palais des Congrès. Reconverti dans la production de spectacles, cet ancien colonel de l'armée devait aimer assez Ferré pour se lancer dans une aventure à cent vingt et un cachets de musiciens. C'était l'employeur de l'artiste. Patrick Ullmann, qui venait de succéder à Maurice Frot au poste de secrétaire particulier, ouvrit la lettre. Le courrier menaçait de saisir tous les biens sous quinzaine, droits d'auteur et cachets d'artiste de Léo Ferré. D'après le ministère, l'artiste ne s'était pas acquitté lors de son départ pour l'Italie de son dû au fisc français. Patrick Ullmann montra la lettre à Roland Hubert. Était-il judicieux de la faire lire à l'intéressé ? Ils décidèrent d'attendre. Léo se trouvait en effet dans un état de stress alarmant. Ce concert avait exigé un travail considérable. Il s'agissait du concert de sa vie.

Un stress alimenté... puisque le Syndicat des musiciens ne le lâchait pas d'un œil. Le 13 janvier 1969, à Bobino, le Syndicat lui avait déjà adressé un courrier : « Nous serions désireux de vous rencontrer pour vous faire part des inquiétudes que suscite votre passage à Bobino avec accompagnement de bandes sonores. Nous savons que ces bandes ont été enregistrées par nos adhérents sous la direction du chef d'orchestre Defaye pour l'usage exclusif de disques du commerce. » Quelque temps plus tard, au studio Hoche, Léo avait dû s'expliquer avec ces petits syndicalistes sur la grande musique qu'il plaçait au-dessus de toute considération pratique. Au premier coup de baguette, tous, sagement installés derrière leurs pupitres, s'étaient levés d'un coup et avaient quitté le studio. Le régisseur de cordes avait exigé de Léo une explication. Il était habituel, comme au Lido ou au Moulin-Rouge, qu'on reversât une partie du cachet en droits d'interprète lorsque étaient utilisées sur scène des bandes enregistrées en studio dans un cadre défini. Léo aussi devait s'en acquitter. Vexé, humilié, Léo avait trouvé la revendication déplacée : « Pourquoi vous me faites ça à moi ? » Pour ces raisons, l'un de ces musiciens continue, cinquante ans après, de traiter Léo Ferré de « salopard ».

En 1969, Léo avait répondu au syndicat des musiciens :

Votre lettre me contraint à une réponse circonstanciée, ce qui m'est doublement pénible puisque je dois m'expliquer avec des « musiciens » — sans la Musique — et, accessoirement, écrire une telle lettre le seul jour de relâche que je devrais consacrer à dormir, alors que je vais m'employer à manier l'argument et la persuasion pour une de vos causes perdues depuis longtemps. Allons, amis Artistes ! N'attaquez pas un Artiste. Attaquez donc les « marchands » qui vous exploitent, attaquez donc cette accumulation de techniques nouvelles qui bientôt casseront l'âme des violons pour laisser aux robots le soin de faire l'ultime ménage, dans les studios, au syndicat, à Bobino.

Dans le fond, Léo n'avait pas tort. Il formulait déjà la précarisation des musiciens, les plannings qui connaissent de grands trous, avant la délocalisation des séances d'enregistrement sous des cieux plus cléments, avant la fermeture des studios et la dématérialisation de la musique, aboutissement logique d'une création condamnée à se démultiplier indéfiniment depuis l'apparition du microsillon cinquante ans plus tôt. Lui s'était organisé avec sa petite entreprise en Italie. Pour des questions de taux de royalties, Léo n'avait pas renouvelé son contrat avec Barclay. Il continuait de se sentir persécuté :

TOUS les éditeurs volent les auteurs, TOUS les éditeurs sont des maquereaux. Alors, moi, je suis peut-être un professionnel non pas de la rue mais des ondes. Mais je n'ai ni impresario ni éditeur. Je me suis installé ici, j'ai appris ce métier avec difficulté mais avec passion. Je ne suis pas aidé car les gens qui sont avec moi ne connaissent pas ce métier, ne peuvent pas le faire. Alors, qu'est-ce que je fais : j'imprime la musique, les parties qui servent aux instrumentistes à lire ma musique lorsque j'ai la chance, lorsqu'on me donne l'occasion de jouer ma musique. Ce qui est rare aussi. Je ne me plains pas du tout, mais je trouve que les vrais artistes ne sont pas aidés, sinon par eux-mêmes.

Au Palais des Congrès, Léo Ferré n'était pas dans ce présent-là, ces discussions d'épicier qui font cependant qu'un musicien ne finit pas dans la misère. Son problème n'était pas les musiciens, mais la Musique avec un grand M : celle de Ravel et sa tumeur qui lui suça toute sa musique d'un seul coup, celle de Beethoven rendu sourd, mais il aurait pu jouer du Bela Bartók — il avait fallu quêter pour payer l'enterrement de Bartók — ou bien du Mozart — accompagné à la fosse commune par un chien et des fantômes.

Au bout d'une semaine, Patrick Ullmann proposa de présenter le courrier des impôts à Léo. Non, répondit le producteur, les recettes ne sont pas assez bonnes. On attendit encore. Finalement, le soir de la dernière, la lettre fut soumise à Ferré. Mais vous êtes ignobles, vous auriez dû me prévenir avant, vous vous rendez compte dans quelle merde vous me mettez ? Peut-être est-il déjà trop tard. Léo était entré dans une de ses colères légendaires. Effectivement, il était trop tard. Tout fut saisi, et les cachets et les droits d'auteur, à la source.

Léo connaissait bien l'inspecteur des impôts à l'origine de ce courrier. Dépendant de Neuilly, ce fonctionnaire du fisc le haïssait depuis le boulevard Pershing. Une vindicte personnelle semblait le motiver. Voir Léo Ferré revenir à son ancienne adresse avait probablement réveillé des souvenirs... Léo, pour avoir fait Sciences Po, connaissait très bien le droit. « Ce con, dit-il, va tout se prendre dans la gueule. Parce que je n'ai pas d'impôts à payer en France. JE N'AI PAS D'IMPÔTS À PAYER EN FRANCE ! »

Sous de Gaulle, des accords avaient été signés entre la France et l'Italie concernant l'imposition des revenus. Ces accords n'existaient pas avec d'autres pays de la communauté européenne. Ainsi Léo pouvait-il déclarer tous ses revenus en Italie. Cela l'autorisait à prendre un air suffisant : « Ici c'est la combinazione. Je paie mes impôts en vin et huile d'olive. » Il n'avait légalement pas à le faire en France. L'inspecteur des impôts le savait. Il le lui confirma quand Léo alla le trouver : « J'avais juste envie de vous emmerder... » reconnut le fonctionnaire.

Durant trois ans, les revenus de Léo Ferré sur le sol français furent saisis. Finalement, un courrier adressé au président Valéry Giscard d'Estaing permit de débloquer la situation. Léo franchissait à nouveau la frontière. Les représentants de l'ordre étaient là. Suivant sa philosophie libertaire, Léo préférait soutenir une communauté ou un média de presse que confier ses sous à l'État, qui ne manquerait pas d'acheter des armes, ou quoi que ce soit qui fût contraire à ses idées. « On poursuit les gens comme moi, c'est-à-dire les artistes de variétés parce que évidemment ils sont en vedette et quand on poursuit M. Aznavour, M. Hallyday, ça fait beaucoup d'effet. Or, je suis comme eux : entre le 1er janvier 1969 et le 30 juillet 1974, chez Barclay, ma maison de disques, on a vendu un million de 30 cm, donc sur un disque qui coûte 35 francs, lorsque vous l'achetez vous payez 33 % de TVA. Si je n'existe pas, vous ne payez pas, vous payez pour un autre. Mais en ce qui me concerne, j'ai fait gagner, moi, à l'État français, en cinq ans et demi, 1 milliard 200 millions. Qui est-ce qui rapporte ça à l'État ? Et on poursuit M. Hallyday, M. Claude François, M. Aznavour, qui ont vendu beaucoup plus de disques que moi ? Alors, foutez donc la paix aux artistes de variétés ! »

Les critiques avaient détesté le spectacle du Palais des Congrès. Sur la chaîne FR3, un débat télévisé mené par Roger Pillaudin, dans l'émission « L'Homme en question », l'avait bien égratigné. Maurice Fleuret, journaliste à *L'Observateur*, s'y était risqué lui aussi. Il se le permettait d'autant plus qu'il tenait Léo Ferré pour un des plus grands artistes chansonniers de son époque. Il l'admirait assez pour lui détailler les boursouflures hollywoodiennes de son récital. L'habillage « industriel » de son show : ces mots avaient été insupportables aux oreilles de Léo, qui s'était beaucoup énervé sur le plateau.

— Que connaissez-vous à la musique pour affirmer cela ?!

— Mais quelle opinion vous faites-vous de vous-même, monsieur Ferré ?

— Je suis fragile, c'est la seule opinion que j'ai de moi...

Cette colère retomba vite. La critique de *France-Soir* continua quant à elle de nourrir une vive rancœur : « Beethoven assassine Léo Ferré. » Le journaliste écrivait : « Il dirige sans baguette. Il n'en a nul besoin. Ses bras sont en bois. Ce sont donc deux grosses baguettes qui battent la mesure avec la souple intelligence d'un métronome. Le même geste se répète inlassablement. C'est sec, dur, irrémédiable. C'est d'ailleurs sans importance puisque ce n'est pas Ferré qui, de fait, dirige l'orchestre mais l'orchestre qui conduit Ferré. Il le suit avec zèle, mais sans jamais le rattraper tout à fait. [...] Sur le plan des variétés, Ferré veut amortir son orchestre. Il demande donc à ses cent vingt musiciens d'accompagner ses chansons. Le résultat est inquiétant. Les paroles deviennent inaudibles. Elles s'engluent dans cette débâcle de guimauve orchestrale. Pâté sonore où s'étouffent les célèbres coups de gueule de notre "mal-aimé". [...] Autre inquiétude : la voix de Ferré. Pour une oreille classique, aucun doute : il chante résolument faux. C'est gênant pour son éventuelle carrière classique. [...] Mais la conclusion est inattendue : Beethoven et Ravel ne sont pas les victimes de cette soirée. Ce sont eux qui assassinent Ferré. »

Depuis, il arrivait à Léo de ressortir l'article comme une vieille relique, entreposée à San Donatino. En bas, au gros feutre, Léo avait écrit, sous la photo encadrée du critique Jean Cotte, un « Wanted ! » vengeur. Puéril ? Léo avait l'âme rancunière. On l'aimait avec ferveur. Deux feuillets avaient eu raison de lui. Ce journaliste l'obsédait, comme l'inspecteur des impôts.

SAN DONATINO

Cinq ans après Mathieu, Léo eut un autre enfant. Marie-Cécile. Marie comme Marie, Cécile comme la patronne des musiciens. Elle vit le jour le 20 juillet 1974 à Monaco. Le prince Rainier envoya une médaille pour sa naissance. Marie-Christine ayant accouché par voie de césarienne, elle dut rester alitée à l'hôpital. Huit jours après, Léo ramena seul le bébé en Italie. En été, la température serait moins élevée s'il voyageait de nuit. On lui prépara un biberon. À minuit, il quitta Monaco. Six heures plus tard, il était accueilli par Danielle à San Donatino. Le trajet avait été tranquille. Lorsque Marie-Cécile avait pleuré, il lui avait donné le biberon. Lorsqu'elle s'était à nouveau réveillée, il avait glissé une cassette des Pink Floyd dans l'autoradio. Le bébé s'était rendormi.

Nez busqué, cheveux bouclés roux en cascade, Marie-Cécile est l'enfant qui ressemble le plus à Léo. Elle possède son air farouche, cette vive sensibilité nourrie d'un long temps d'observation avant d'accorder sa confiance. À San Donatino, quelques photos la montrent en compagnie de son père dans l'imprimerie où le piano électrique était maintenant installé. Pendant qu'il travaille, cigarette au bec, Marie-Cécile s'arc-boute sur un tabouret de piano, en position de danseuse — elle pratiquera la danse plus tard, en tutu violet. Son visage apparaît sur la pochette de l'album « Je te donne ».

Le 26 janvier 1978, à Monaco, Marie-Cécile eut une petite sœur. À nouveau, Marie-Christine accoucha sous césarienne. Danielle partit chercher l'enfant avec son mari. Pour le retour vers la Toscane, voyage de jour ou de nuit ? Danielle ne se souvient plus. Mais il faisait très froid. Ouvrir une portière suffisait à donner des frissons à la petite. L'enfant s'appelait Manuella, comme Manuel de Falla. Après Mathieu, qui chante faux, et Marie-Cécile, qui travaille à la promotion d'un label de jazz, Manuella sera la seule enfant Ferré à devenir artiste. Ses peintures, hantées par la mémoire et la mort, dessinent en teintes exclusivement charbonneuses des corps comme des saints suaires. Dans son atelier du 11e arrondissement de Paris, elle sculpte des masques en résine translucide, restituant en images ce qu'un cerveau peut contenir de souvenirs saillants. Cette bonne vivante ressemble trait pour trait à sa mère, rondeurs et cheveux de jais, une femme de la terre.

À San Donatino, sur la face latérale du mur séparant le salon de la cuisine, tous ont inscrit leur prénom, assorti d'une date et d'une taille. Au bic ou au feutre se suit l'évolution centimétrée de chacun. Pour Léo et Marie-Christine, simple, il n'y eut qu'un nom, qu'une date, qu'un trait. Le nom Mathieu démarre au niveau des plinthes. Progressivement, il s'éloigne du sol. Ce mur témoin a démultiplié la présence des enfants. Bientôt, le prénom Mathieu a dépassé celui de son père, Léo, 1,70 m à vue de nez sur ce pan de mur où s'attardent les courants d'air. Mathieu prit par sa taille imposante la place de chef du clan. À leur tour, tous ses copains et copines d'adolescence notèrent leur taille et leur prénom.

Léo se levait tôt, vers six heures et demie. Les journées s'organisaient autour des enfants. Avec Mathieu, il prenait le petit déjeuner. Ils avaient coutume de ne pas parler. Léo lisait le journal, écoutait les nouvelles. Déjà, cela suffisait à faire monter la colère qui nourrirait son propos de la journée. Puis Léo emmenait Mathieu en Renault 5 jusqu'à l'arrêt de bus qui le conduisait à l'école. Première cigarette. Il commençait à composer. C'était très paisible, se souviendront les visiteurs de San Donatino, la poignée d'amis ayant résisté aux orages de Perdrigal. Léo travaillait toute la journée, mais pas de façon continue, sans quitter son bureau : il papillonnait, allant de l'imprimerie à son piano, de son piano à sa pièce de musique, puis s'installait pour composer de la musique ou un texte à sa machine à écrire. Cet artisan donnait l'impression de bricoler en permanence. Finalement, il en sortait quelque chose. Ce n'était pas un tâcheron. Il passait une tête et s'asseyait au bord de la piscine, où ses amis s'ébrouaient avec les petits. Lui n'y a glissé qu'une fois un orteil. La vue des autres lui suffisait. De la Moquette, fenêtre ouverte, des notes de piano parvenaient à la piscine. Il cherchait des accords, tout l'après-midi. Sa méthode semblait de ne pas en avoir.

Quand Mathieu rentrait de l'école, ils regardaient ensemble une série américaine à la télé, à côté de la cheminée brûlante. Parfois, le vieil homme s'endormait. Mathieu le secouait un peu, juste pour vérifier qu'il ne s'était pas trop endormi...

Un matin, des tracteurs l'avaient réveillé très tôt. Le val d'Elsa faisait caisse de résonance. Léo avait été très énervé. Les enfants autour de lui comme une ronde, il s'était rendu chez ce voisin bruyant pour le houspiller. Il gueulait, Dieu qu'il gueulait. Et les enfants riaient à l'entendre maugréer de la sorte.

Au côté de Marie-Christine, Léo découvrait que la vie ne se limite pas à un déchirement nocturne permanent. Elle l'avait ouvert aux charmes de la pantoufle, de la promenade du matin, de la baignade dans les ruisseaux. Ainsi créait-il. Tous les jours, il effectuait la même balade : avec son chien Seigneur, un berger allemand, il se rendait à l'extrémité du domaine, au lieu-dit Poggio ai Mori. La vallée aux mûres. Une fois, il y avait entrevu le fantôme de Marilyn... Durant ces 2 kilomètres de marche naissaient de nouvelles idées. Arkel et Pépée l'avaient jadis accompagné. Maintenant, c'était Seigneur. Au bout du chemin, une petite maison en pierre de taille se tenait isolée. Léo s'arrêtait, buvait un verre d'eau et s'asseyait sur un banc. Ses pensées vagabondaient. La bande dessinée de sa musique intérieure continuait. Marie-Christine, parfois accompagnée d'une amie, arrivait alors en voiture. Et le ramenait à l'heure de l'apéritif.

Depuis, les volets de la petite maison ont été repeints. Des tracteurs sont à l'arrêt. C'est le domaine que Marie-Christine a bâti et qui génère aujourd'hui une rente presque égale aux droits artistiques de Léo, dont *Avec le temps* et *Paris canaille* représentent les plus grosses sources de revenus du catalogue. Marie-Christine, en débarquant dans la vie de Léo, ne savait rien. Autodidacte, elle a dû tout apprendre de son métier, les relations, le showbiz, la musique. Elle a acheté des vieilles pierres, qu'elle a retapées, puis revendues avant de réinvestir. À sa manière, elle a fait œuvre. Comme Léo aimait la terre et les pierres, elle nourrit une mémoire séculaire. Ses 12 hectares de vigne et ses 4810 pieds d'oliviers portent la production de vin à 75000 litres par an et d'huile d'olive à 10000 litres. Le chianti Classico Poggio ai Mori nécessite une cuvaison de quinze à vingt jours et un élevage en cuve de dix-huit mois. Ses notes de fruits mûrs révèlent un vin tannique tout en rondeur. Le Poggio ai Mori Riserva, quant à lui, après un cuvage de vingt jours, est élevé deux ans en fût de chêne.

Plus tard, si elle le souhaite, Marie-Cécile pourra s'installer dans la petite maison du Puits aux Mûres, qui lui est réservée.

Marie-Christine ne s'est pas contentée de bâtir un domaine, elle a ressoudé les liens de Léo avec sa famille. Elle appelait, organisait la venue des uns et des autres. Chaque année, au printemps, quand la saison se fait douce, Joseph et Marie-Charlotte passaient quelques jours à Castellina in Chianti. Les cheveux du père avaient blanchi. Il arborait la même moustache et portait toujours un costume avec nœud papillon, une élégance terminée par un chapeau. Sa mère restait une petite femme très distinguée. Marie-Christine veillait au grain. Ça les rassurait pour leur garçon, qu'ils n'avaient finalement jamais bien compris. Depuis la lettre de 1957, les rapports s'étaient assagis. On évitait de parler de la vie professionnelle. On se cantonnait à la famille.

À l'heure de passer à table, dans l'étroite salle à manger plongée dans la pénombre, depuis négligée au profit de la cuisine en longueur avec vue sur le val d'Elsa, Léo installait sa mère sur une belle chaise en bois lourd espagnol à dorures et lui servait à boire dans une timbale en argent. Il l'appelait Bellissima. Elle restait, indubitablement, la plus belle. Une reine. Sa reine. Une maman. Sa maman. Lui restait son petit Léo, qui avait pu sublimer ses blessures d'enfant en devenant artiste. Il y était parvenu parce que son amour à elle n'avait cessé de l'accompagner.

Ses trois ou quatre dernières années, Marie-Charlotte Ferré les avait passées dans une maison de retraite, au Cap-Fleury. Elle s'était liée d'amitié avec un prince russe qui appartenait à la caste des Russes blancs qui ont contribué à la richesse de Monaco, après la révolution d'Octobre. À quatre-vingt-dix-neuf ans, cet homme lui parlait de Raspoutine. Il pouvait : il avait participé à son assassinat. Le prince russe est mort. À son tour, Marie-Charlotte s'est sentie mal. Lucienne l'accueillit chez elle, à Varennes-sur-Allier. Marie-Charlotte y termina sa vie.

Marie-Charlotte disparut moins d'un mois après la naissance de Manuella, le 20 février 1978. Léo ne put arriver à Varennes qu'au lendemain de sa mort. C'était un vendredi soir. Il n'a rien pu faire d'autre que de remercier sa sœur, ainsi que sa nièce Marie-José et son mari Bernard d'avoir si bien accompagné sa mère dans ses dernières heures. Marie-Christine aussi a veillé celle qu'on surnommait Méchou. Péchou, c'était Joseph.

Marie-José et Bernard ont habillé Marie-Charlotte. Le prêtre est arrivé. Après le dîner, Léo a ressenti le besoin de prendre l'air. À la grande surprise du prêtre, il quitta alors les lieux pour s'installer dans la voiture de Bernard. Bernard se trouvait avec Michel dans la 4L. Léo glissa une cassette dans l'autoradio. Il monta le son au maximum. Un concerto pour violon et orchestre. Le son envahissait l'habitacle. Ça gueulait de partout. Beethoven, Bitovan. Léo plongeait la tête dans la musique, une matière vivante, comme au temps des jeudis à Bordighera. Maman venait. Il entendait depuis le couloir son pas de moineau déguisé en femme. Le chocolat bouillant avec sa crème fouettée. La radio continuait de hurler avec ses souvenirs. Quelqu'un frappa à la vitre. C'était le prêtre. Mais qu'est-ce que vous faites là ?!

L'homme en noir venait siffler la fin de la récréation.

Ses doigts étaient de fée. Marie-Charlotte cousait beaucoup. Une amie à elle, qui était « première » chez un grand couturier à Paris, lui faisait passer des modèles, dont elle s'inspirait pour elle et ses amies. Chaque soir, elle cousait, longtemps. Elle mettait ce talent à contribution pour sa famille. Adaptant les modèles des grands créateurs à Paris, elle rattrapait les robes de celles qui n'arrivaient pas à les finir. Plus tard, quand la famille se fut agrandie, avec enfants et petits-enfants, elle ressortit les déguisements de Pierrot dans une famille où l'on aimait tant les costumes de fête. Elle mettait des boutons en forme de lapin sur les costumes de sa petite-fille Marie-José, comme elle avait cousu des robes de soirée pour sa fille Lucienne, pour ses bals à Monaco. Elle cousait les habits du conte de fées dont Joseph ouvrait les portes. Marie-Charlotte cuisinait, Marie-Charlotte chantait. Quelle voix avait-elle ? Qu'y avait-il ? Les magnétophones n'existaient pas quand elle s'appelait encore Scotto. Très jeune, elle avait perdu sa mère. À dix-huit ans, elle s'était retrouvée orpheline de son père. Quinze jours plus tard, mourait une de ses sœurs âgée de vingt ans.

Faute d'avoir pu lui dire au revoir, Léo accompagna sa mère dans le convoi funéraire pour Monaco. Le lundi, il s'installa à l'avant du véhicule avec les gars des pompes funèbres. Ne conduisez pas à tombeau ouvert ! osa, prévenant, un membre de la famille avant le départ de Varennes-sur-Allier. La route devait être longue. Maman allait rejoindre Papa en plein soleil, dans le caveau familial, face à la Tête de Chien, tel que l'on surnomme le promontoire d'où les désespérés de Monaco en finissent une fois pour toutes avec leurs idées noires.

Le jour de l'enterrement, Marie-Christine s'épanchait à chaudes larmes. Marie, ne pleure pas, nous te remercions pour tout ce que tu as fait, lui dit Marie-José, s'approchant d'elle. Ces larmes contenaient la tristesse d'avoir perdu une belle-mère, certes, à laquelle elle était très attachée, mais aussi, probablement, la conscience de la mort qui s'approchait à grands pas du clan Ferré. Un à un, ses membres disparaissaient. Qui serait le suivant ? Léo ? Que deviendrait-elle après son départ ? Elle était si jeune. Elle avait trente et un ans ; lui soixante-deux ans. Si elle avait encore ses parents, là, en l'espace de cinq ans le ciel avait creusé des tombes. La maison Ferré n'avait plus de toit.

Une dernière poignée de terre sur le caveau familial au cimetière marin de Monaco.

Avant de partir, Marie-Charlotte avait pris ses dispositions. Au prétexte qu'elle faisait elle-même ses pâtes, elle avait pu économiser un peu, disait-elle. Léo ne se trouvant pas dans le besoin, elle avait proposé que tout revienne à Lucienne, moins pourvue. Lucienne avait refusé. À ses yeux, Léo était un frère, pas une star. Elle ne voulait pas que l'argent coupe ce lien.

Aux Œillets, Lucienne et Léo s'assirent sur le lit, dans la chambre des parents. Ils se partageaient les bijoux de leur mère disposés en vrac sur le couvre-lit. « Tu veux prendre ça ? — Ah non, je préfère celui-ci ! » Le caractère volontiers cassant, à l'ironie mordante, de Lucienne s'effaçait soudain au profit d'une extrême délicatesse. Ils se retrouvaient, après toutes ces années. Lucienne et Léo. Léo et Lucienne. Oubliés les points de discorde, *Merci mon Dieu* et ses cinq longs couplets contre le Tout-Puissant, que Lucienne n'avait jamais digérés, mots, attitudes, comportements intolérables pour une âme si pieuse... Oubliées les railleries sur une vocation supposément née sur les remparts de Monaco.

Lucienne avait coutume de balayer d'un rire ces légendes, quand elles lui revenaient aux oreilles. Elle voulait garder Léo pour elle. Le Léo d'avant, jadis et naguère. Tout ce qui avait pu l'éloigner de cet îlot méridional où il était si bon de se réfugier maintenant la mettait sur la défensive. Lucienne retrouvait Léo. Elle aussi l'avait en partie perdu à Bordighera. Avait-on su le protéger, ce petit frère ? Une cloison invisible s'était érigée entre eux, tout du moins au sujet de la religion. Comme ses parents, Lucienne ne supportait pas ses saillies anticléricales. Comme ses parents, elle ne comprenait pas ce qui avait pu nourrir ce reniement brutal du milieu dans lequel il avait été élevé. C'était pourtant cette rébellion qui lui avait permis de décrocher son titre de seigneur. Un seigneur de la chanson.

Léo gardait pour Lucienne, cette inquiète qui aimait tant rire, une immense affection. Elle avait ouvert tant de portes. En 1935, c'était elle qui l'avait emmené à Paris pour ses études. Elle qui l'avait chaperonné. Il sortait tout juste de sa prison de Bordighera. Elle lui avait fait découvrir les boîtes. Paris l'avait déniaisé, dépucelé même. Grâce à Lucienne, Léo avait baigné dans le Paris bouillonnant de l'époque, artistique, politique, intellectuel. Le Front populaire s'annonçait. Léo se souvenait des affrontements violents entre les Camelots du Roi, branche royaliste d'extrême droite, et les communistes. Paris avait été Sciences Po, même promotion, même diction aussi, que François Mitterrand, et la découverte de Trenet à l'ABC. 1938. Des perspectives s'ouvraient par la voix du Fou chantant.

Plus tard, quand ils se retrouveraient, Léo, Lucienne et les siens, ils reviendraient sans cesse sur cette période. Tous avaient été étudiants au même moment. Tous avaient fréquenté les mêmes endroits. Certains logeaient à la Cité universitaire. Lucienne et Léo habitaient des chambres de bonne, rue Saint-Benoît, à Saint-Germain-des-Prés. Autour des grandes tablées familiales, ils évoquaient régulièrement cette période. 1934, c'était autre chose que 1968, non ? La belle-famille de Lucienne n'avait jamais accepté Mai 68. Léo avait été le seul à évoluer. L'amour d'une famille, c'est bon. Avec l'âge, on en apprécie d'autant les plaisirs. Léo, comme les autres, était heureux d'en avoir une.

Finalement, lui, le petit frère négligé, avait repris le piano. Il avait arrêté ses études de dentiste pour mieux cultiver une imagination au moins aussi fertile que celle de Lucienne. Elle demeurait recluse dans une vie morne de province. Léo lui donnait des nouvelles de Paris. Elle s'accrochait à ce lien. Ses spectacles étaient l'occasion d'y faire un saut. À Bobino probablement, Lucienne était venue avec sa dernière, Marie-José. Dans un bistrot, après un concert, elle avait confié à Léo : « J'aime beaucoup *Jolie Môme*... une belle chanson. Et puis, il est beau, ton costume... » Incontestablement, ce compliment venait du cœur.

À Varennes, Lucienne avait continué d'inventer le genre d'histoires qu'ils se racontaient jadis, jadis et naguère, enfants. Un 25 août, lendemain de l'anniversaire de Léo, Lucienne s'était déguisée pour narrer la fameuse histoire de Nicolas Trapizine. Léo n'était pas là. Sa diction empruntait curieusement à sa voix. Nicolas Trapizine... Un conte inventé par Lucienne. Un village voisin lui en avait inspiré le nom. Les aventures de ce Slave qui traversait une Russie tout droit sortie de son imaginaire. Après avoir demandé aux enfants « Qui a le secret du bonheur ? qui a le secret du bonheur ? », Lucienne avouait : « Lui a le secret du bonheur. Va le voir de ma part. » Puis, elle s'en allait, dans ses habits de lumière faits avec des tissus de fortune, vers un autre pays fantaisiste. Un magnétophone enregistrait ces histoires.

Personne ne les écoute plus. La plupart des témoins d'alors sont morts.

Depuis longtemps, Lucienne avait tourné le dos à son enfance choyée. Loin des effusions urbaines, dans sa province de l'Allier, elle oubliait la petite fille qu'elle avait été, radieuse. On ne pouvait se douter qu'elle avait été l'amie très chère de la princesse Antoinette, la sœur aînée du prince Rainier. Elles avaient été aux scouts ensemble. Parfois Lucienne était invitée au château de Marchais, propriété princière située dans l'Aisne. Dans les années 1950, Lucienne avait renoncé à la citoyenneté monégasque, sans que personne ne pût s'expliquer sa décision. Elle préféra être enterrée à Varennes-sur-Allier, dans la vie qu'elle s'était choisie, loin de l'îlot de sa splendeur. Monaco. Léo y était déjà depuis deux ans, entre son papa et sa maman. Elle lui avait laissé la place du fils préféré, celle dont il n'avait pu bénéficier de son vivant.

Dans la cuisine de San Donatino, une carte de France était accrochée au mur. Chaque jour, les enfants épinglaient la ville où se trouvaient leurs parents. Ils les reliaient ensuite à l'aide de fils de laine. Un canevas finissait par recouvrir la carte entière. Danielle, qui gardait les trois enfants, avait eu l'idée de ce jeu pour relativiser l'absence. À partir de la fin des années 1970, Léo n'arrêtait pas de tourner. Avec Marie-Christine, qui l'accompagnait désormais, il pouvait s'absenter jusqu'à deux ou trois mois de la maison. Dix ans après, ils reprenaient la route ensemble. Excepté pour le Canada, le Japon (un émerveillement) ou New York par avion (une phobie), la voiture restait le moyen de transport privilégié de Léo. Marie-Christine avait pris la place de Madeleine. La fille de réfugiés espagnols apprit là sa géographie. Entre 1978 et 1985, Léo ne donna pas moins de cent cinquante concerts par an. Ils sillonnèrent la France, traversèrent la Suisse, la Belgique, la Pologne, le Portugal. Ils se rendirent même en 1980 en Espagne, ce pays qui avait tant inspiré la musique de Léo, ce pays où finalement Marie-Christine n'était jamais retournée. Elle n'avait même pas appris l'espagnol, sa langue maternelle.

En voiture cependant, Léo ne perdait pas son temps. Il

s'écoutait, ou plutôt se réécoutait. Il redécouvrait les chansons que le ciel avait cru bon de dicter à son magnétophone intérieur. De petites cassettes à bande dans le lecteur audio transformaient l'habitacle en studio de répétition. Même s'il était doté d'une mémoire d'homme du XIXe siècle, capable de réciter ses classiques, y compris les auteurs qu'il haïssait, il disposait d'un répertoire aussi épais qu'un Bottin téléphonique. Depuis ses premières faces vinyle au Chant du Monde en 1947, la maison de disques des communistes, la seule fois où il adhéra jamais, ne fût-ce qu'un quart d'heure, à un parti politique, jusqu'aux périodes Odéon et Barclay, et maintenant à ses productions distribuées par une petite maison indépendante, EPM, chaque jour que Dieu avait fait, il n'avait cessé d'écrire, le ventre creux, le ventre plein.

Parfois, les enfants étaient du voyage. Après le concert, la famille retrouvait les techniciens. Marie-Cécile s'endormait sur une banquette ou au pied d'une table. Les concerts leur servaient de lieu de vacances. Car les étés à Grosseto, dans cette autre villa toscane acquise en bord de mer, Léo les passait la majeure partie du temps à son piano. On ne compose pas six cent soixante-douze œuvres sans sacrifices. Une seule exception confirme la règle : Léo, Marie-Christine, les enfants et un couple d'amis, les Hess, partirent quelques jours pour l'Irlande. Nicole Hess eut le temps de faire une blague à Léo : elle s'était cachée dans les toilettes de la chambre de Léo et de Marie-Christine avant leur arrivée. Lorsque Léo alluma la lumière, son « Ouah » le surprit tant qu'il faillit trépasser. « Mais vous êtes trop cons, j'aurais pu clamser. » Un homme en colère ? Pas vraiment, en réalité...

Retour sur les routes. Marie-Christine était devenue l'élément incontournable pour accéder à la star. On venait la solliciter. D'un œil amusé, elle observait ce petit théâtre des courtisans, qu'elle savait maintenir à bonne distance. Quand l'un d'eux s'approchait en coulisses pour mieux la flatter pendant que Léo était occupé à chanter, elle le séchait d'un : « Chut ! on travaille. » Et elle continuait de regarder Léo de côté, tricot en main, comme Madeleine jadis. Cet homme était parvenu à se faire aimer jusqu'à l'abnégation par deux femmes également dévouées à son art.

Au Printemps de Bourges en 1986, il s'était vêtu d'une veste en jean. Tout l'après-midi, le trac l'avait habité. Il ronchonnait. Pourquoi donc avait-il accepté ce concert ? Il y est finalement allé. Au premier rang se trouvait une jeune fille. En plein concert, il lui demanda si elle avait un bâton de rouge à lèvres. Il s'en est alors saisi pour se dessiner un cœur à la place du sien sur la toile du blouson en jean de jeune. En coulisses, Marie-Christine feignit de ne rien voir. Il vivait ses moments à lui. Puis, il revenait vers elle, en sautillant. Alors ? Là ? Ça va ? Il prenait des nouvelles, avant de faire de nouveau un petit saut de cabri sur la scène. Une forme de jeune homme. Regarde-le donc qui fait le beau ! Marie-Christine connaissait son homme.

D'une certaine manière, il revenait à ses débuts. L'école des cabarets, l'école de la démerde et des vaches maigres : tout était à reconstruire. En 1984, douze ans après son dernier passage triomphal, il était revenu à l'Olympia. Sans Barclay, les conditions n'étaient plus les mêmes. Ne pouvant plus compter que sur ses ressources propres, il avait pratiquement dû coller lui-même les affiches publicitaires du spectacle sur les colonnes Morris. L'Olympia en avait négocié chaque mètre carré. Une dizaine d'emplacements avaient même été offerts. Les affiches de 2,50 sur 2,20 mètres se présentaient en quatre morceaux. Peintes à la main, elles avaient été collées par les machinistes de l'Olympia.

En concert, le public ne comprend pas toujours les versions que donne Léo de sa chanson la plus célèbre. À Liège, le public reste interdit lorsque, en plein milieu d'*Avec le temps*, il se met à trépigner : « Avec le temps, avec le temps, CONNASSE ! » Puis le chanteur se remet au piano et finit la chanson !

Malgré les procès qui l'opposent à Madeleine, cette chanson, qu'il avait tant aimée avant de la détester, la tournant en dérision, l'humiliant, lui faisant subir les pires atrocités qu'un artiste puisse infliger à l'une de ses créations, il fallait bien la chanter. Le public la réclamait. Il ne pouvait plus la voir en peinture. Sous ses mots, tout un passé qu'il ne voulait plus revisiter ressurgissait. Il commençait à la jouer, puis l'interrompait. Le plaisir sadique de se saisir de son plus beau jouet et de le jeter à terre, juste pour savourer l'effet d'un objet brisé en mille éclats, le prenait soudain. Au théâtre des Champs-Élysées, en 1984, quel air moqueur, sourire sardonique lancé à la beauté fanée de la chanson insuffle-t-il ! À qui s'adresse-t-il ? Quelles rancœurs continue-t-elle de réveiller ? La scène se répétera des années durant, dans cette décennie 1980 de longue et lente agonie sur scène, avec un producteur qui exploite son chanteur comme une putain sur les boulevards des maréchaux. Ces interprétations d'*Avec le temps* étaient effectivement dérangeantes, admet Arlette Putseys. Cela prouvait bien que Léo, contrairement à ce que Brel affirmait (« Chez Léon, tout est bidon »), ne calculait pas.

— À votre avis, Léo ne s'était pas remis de son histoire avec Madeleine ?

— Affectivement, sûrement. Ça lui a tellement empoisonné la vie aussi. Comme il le chante, « floué par les années perdues », peut-être aurait-il dû partir et avoir plus tôt ses enfants. Quand l'échec se présente, vous vous dites : J'ai traîné. Dieu sait depuis combien d'années il aurait dû partir. Il y a dans cette chanson une espèce de rancœur, qui se traduit par : Je me suis bien fait avoir.

Impossible de raisonner Léo. Les « connasses » se transforment en « salopes ». La scène se passe au théâtre Déjazet. La salle, qui se trouve à un jet de pierre de l'ancien Alhambra, deviendra la salle des derniers concerts parisiens de Léo Ferré. Un enregistrement *live* est prévu. Au moment de chanter *le* tube, Léo sort des clous : « Avec le temps, avec le temps, va, tout s'en va... salope ! » Michel Larmand, dernier régisseur de l'artiste, arrête le magnétophone. Après le spectacle, il demande à Léo :

— Pourquoi as-tu crié « salope » ?

— Mais cette salope, elle me prend 50 % de mes droits, je trouve ça injuste !

(Allusion aux procès qui se déroulent après le divorce de Léo et Madeleine sur la liquidation de la communauté de biens universelle.)

— Oui, mais demain c'est le dernier jour d'enregistrement. Je comprends que tu sois en colère après Madeleine, mais ça serait bien que tu ne dises pas « salope ».

— D'accord, je te le promets !

Le lendemain, même histoire : « Avec le temps, avec le temps, va, tout s'en va... salope ! »

— Pourquoi tu as recommencé ? demande Larmand.

— Ce n'est pas ma faute, c'est plus fort que moi !

Cette solitude tant chantée finalement le gagna. À San Donatino, il était devenu un patriarche qui aimante et repousse à la fois. Il présidait en bout de table. Sa femme, ses enfants, ses amis se retrouvaient par son biais. La conversation s'animait. Lui ne parlait pas. Il semblait ailleurs. Personne n'osait le déranger dans ses pensées. Chacun respectait cette solitude choisie.

Parce que la vue y était plus belle, les repas se prenaient désormais exclusivement dans la cuisine, une ancienne terrasse aménagée en bow-window. On s'asseyait ici, à l'étroit, sur des bancs de réfectoire. La salle à manger ne servait plus à grand-chose. Parfois, un souvenir sortait Léo de son silence, qu'il partageait sous forme d'anecdotes. Sa vie parisienne, André Breton, un confrère croisé jadis... Des jeux aussi pouvaient l'égayer. Un jour, Lucienne vint en famille pour un déjeuner dominical. Son mari étant amateur de grands vins, Léo avait dissimulé deux bouteilles de château lafite 1961 derrière le réfrigérateur. Le beau-frère les découvrit par hasard. Au moment du déjeuner, Léo proposa de goûter le vin. Le mari de Lucienne suggéra qu'on en devine le millésime. On ferait tourner des bouts de papier, où chacun noterait son idée. Naturellement, le beau-frère et son fils Michel, complice de la blague, trouvèrent. Léo n'en revenait pas. Dix personnes au monde auraient été capables d'identifier un tel millésime ! Dès lors, Léo n'arrêta pas de vanter les talents d'œnologue de son beau-frère et de son neveu, et ne manqua pas de leur envoyer régulièrement de grands crus.

Des années après la mort de Léo, Michel avoua à Marie-Christine qu'il s'agissait d'une blague. À la grande surprise de Michel, la veuve de Léo s'en montra très déçue, blessée même, comme si on s'était moqué de Léo. Elle aurait préféré qu'on n'entache pas ce souvenir. Le moment avait été heureux. Léo avait fait la cuisine. On avait bu, ri, mangé. On s'était retrouvés. Le vieil homme était sorti de sa réserve.

Malgré les invitations lancées, ils ne furent pas nombreux à faire le déplacement. Après Maurice Frot, ce fut avec Patrick Ullmann qu'une brouille survint. Que s'était-il passé ? Avec le photographe, un projet d'ouvrage avait vu le jour. Un texte de Léo devait illustrer des photographies de Patrick Ullmann. Le titre ? *La mémoire et la mer.*

Cela se transforma rapidement en... naufrage. Problèmes de façonnage, coûts pharaoniques, manque de tact quant à la hiérarchie des noms placés sur la couverture, « Patrick Ullmann » à pied d'égalité avec « Léo Ferré », avaient créé de premières tensions avec Léo. Pour la sortie du livre, une tournée de dédicace était prévue en librairies, ainsi qu'une exposition. Une attachée de presse était chargée de coordonner le tout. Léo refusa de participer au vernissage de l'exposition à Paris. Se sentait-il manipulé par son ami ? Un télégramme officialisa la rupture. Quelque temps plus tard, alors qu'il se trouve à Nice, à l'hôtel Magellan, avec l'attachée de presse qui deviendra sa femme, le photographe téléphone :

— Léo, je suis tout près, je serais heureux qu'on puisse se voir demain ou après-demain, pour parler. Et puis, j'aimerais te présenter quelqu'un.

— Je n'ai pas besoin que tu me présentes qui que ce soit ; je vois très bien ce que ça peut être. Et tu ne viens pas me voir parce que je ne veux plus qu'on se voie. C'est formel. JE NE VEUX PLUS QU'ON SE VOIE. Plus jamais. Et tu ne fais jamais rien pour qu'on se croise. Tu fais en sorte qu'on ne se croise plus. Tu laisses faire la vie, elle seule sait ce qu'elle a à faire, la vie.

La parole fut respectée. Quand Léo se produisait à l'Olympia, un lieu pourtant vital pour Patrick Ullmann puisqu'il y possédait son studio sous la scène, le photographe quittait Paris. Résigné, il laissa faire la vie. Rien n'advint. À Patrick Ullmann, il ne restait plus qu'à se remémorer les moments partagés, petits matins de frimas pour partir à la récolte des olives, nuits dans l'imprimerie à tirer des partitions de Ravel, balades au puits aux mûres avec les regrets formulés de Léo de n'avoir pas cru Madeleine capable d'un tel chantage avec les animaux, fins de soirées devant la télévision où passait la mire. Une fois, Léo avait demandé à Jacques Chancel, l'animateur, pourquoi ils ne mettaient jamais de musique classique à la fin des programmes. Léo avait attendu devant la mire. Le miracle se produisit. Durant les vacances de Noël, une musique était apparue après l'écran de neige. Merci, Jacques Chancel. Le message avait été entendu, sauf que la musique était merdique sur une image tout aussi niaise de biche dans les bois.

Léo disait parfois : Je porte malchance à tout le monde et à moi, la vie me porte chance. Tout le monde pourtant cherchait une part de Léo, qui se méfiait. C'est dans cette méfiance qu'il avait élevé à son tour son fils. Mathieu avait cinq ou six ans. Léo, Marie-Christine et Mathieu s'étaient rendus au mariage de Marie-José dans l'Allier. À sa descente du train à Dijon, où son neveu Jacques était venu le chercher, Léo s'était exclamé : « Tu te rends compte de ce que m'a dit Mathieu pendant le trajet. Il m'a dit : "J'aime les gens !" Je lui ai répondu : "Mais tu es con, mon fils, il ne faut pas aimer les gens. Les gens, il faut s'en méfier, il faut faire attention, sinon ils vont te baiser la gueule ! » À sa façon, Léo expliquait à son fils que dans la vie on peut se faire avoir. Léo en savait quelque chose.

À San Donatino, seuls demeuraient les courtisans. De Léo, ils faisaient des livres, des opéras, le singeaient, espérant recueillir une poussière d'étoile sur leur destin d'artistes ratés. Léo les aimait bien pourtant. Il les recevait sous la tonnelle et les écoutait.

Marie-José a mis des années à retrouver la recette des fougasses. Chaque année, Marie-Charlotte en préparait un colis. En 1968, elle ne fut plus en mesure de le faire. La nièce de Léo demanda alors à la cousine Fine de lui transmettre la recette. Pour la jeune fille de dix-neuf ans, ces fougasses représentaient le parfum d'une enfance à Monaco. Il paraissait aussi important que le souvenir du petit train au trajet interminable qui menait de Nice à la principauté. La recette fournie par Fine était très précise. Marie-José s'y est mise, noisettes, amandes, dragées d'anis, sans oublier la liqueur. Ses parents pharmaciens les fournissaient. Marie-José inlassablement répétait le même geste. Chaque fois qu'elle la faisait goûter à sa mère, Lucienne exprimait une moue dubitative. En 1985, Marie-José a trente-six ans. Il s'est passé dix-sept ans depuis ses premiers essais. Elle se rend à Varennes. Sa mère goûte les fougasses : enfin, la fille a atteint l'excellence. Léo passe alors chez sa sœur. Pour lui, les fougasses étaient mortes depuis bien longtemps. Il croqua et son visage s'éclaira. Large sourire. Oui, c'était ça, le goût, le souvenir, tout y était, Monaco, son enfance, les remparts. Ravi, il emporta toutes les fougasses en Italie. Une correspondance s'établit avec Marie-José. Pour elle, qui n'avait pu bien connaître sa grand-mère, les fougasses étaient un moyen de relier le passé au présent. Ainsi Manuella connaît-elle à son tour les parfums de l'enfance de son père. Marie-Christine se plaignait d'ailleurs qu'à chaque colis réceptionné, Léo les gardât jalousement. Ses fougasses. Les fougasses de sa maman.

Il continuait de courir après des orchestres quand la maladie frappa. Il s'était toujours refusé à aller voir un médecin. Là, il dut se résoudre à se faire hospitaliser. Des taches avaient été diagnostiquées sur les poumons. Une pneumonie double. Ses petits poumons de flanelle. Contre l'avis médical, Léo décida pourtant de quitter rapidement l'hôpital de Sienne où il avait été admis au service de pneumologie. Marie-Christine, très inquiète, appela Michel, qui était médecin de campagne dans l'Allier : Ton oncle n'en fait qu'à sa tête. Mais c'est grave.

Malgré ses tentatives de réconfort, Michel voyait bien que sa tante se sentait démunie. Après avoir raccroché, l'inquiétude le prit à son tour. Ça y est, les trois paquets de cigarettes quotidiens, Léo fait un cancer du poumon. Le sommeil fut difficile à trouver. Michel s'endormit finalement mais se réveilla en pleine nuit. Le lendemain, il prit le premier vol pour Florence.

Léo se trouvait dans un état lamentable. Marie-Christine proposa qu'on retourne voir le professeur à Sienne. Michel se présenta, médecin approchant la cinquantaine. Le professeur trépigna : Que vient faire ce blanc-bec pour m'expliquer mon travail ? Marie-Christine lui expliqua qu'il s'agissait du neveu de Léo venu appliquer le traitement à domicile ! Là, le professeur se radoucit, sans oublier d'ajouter : Votre oncle m'offre ses disques, mais il ne lit pas mes œuvres ! Le médecin, vexé, se trouvait être l'un des plus grands pneumo-physiologues d'Europe. Ses articles occupaient une demi-dizaine de volumes encyclopédiques !

Pour cette double pneumonie, symptôme très rare, le professeur décida d'administrer un traitement sur mesure. Il s'agissait de mélanger trois antibiotiques qu'on ne prescrivait cependant plus en raison de contre-indications majeures. Ils donnaient pourtant de très bons résultats. L'apprenant, tous les copains médecins de Léo appelèrent à San Donatino. Une course à la compétence commença entre chefs de clinique des hôpitaux de Paris. Une rivalité somme toute habituelle entre médecins. Michel tempérait et prenait la défense du professeur de Sienne.

Un soir, Marie-Christine partie se coucher, Michel alla trouver son oncle. Léo se trouvait dans la Moquette, en peignoir : Écoute, Léo, il faut que tu suives ce traitement. Tu vas le faire en injectables. Tu restes à la maison, une infirmière viendra. Une rentrée parisienne était prévue trois semaines plus tard. Léo pensait encore pouvoir monter sur scène. « Non, Léo, il faut annuler, poursuivit le neveu médecin. — Tu crois ?! Mais je peux chanter ?! Écoute. » Il poussait des aaahhhh... aaaahhhhh... en toussant.

Léo décida d'annuler la scène. Et là, curieusement, il proposa à son neveu de boire un verre. Il parla de trois extraordinaires bordeaux qui lui avait été offerts à l'occasion d'un gala qu'il avait donné bénévolement au service d'une cause quelconque. Un millésime incroyable. Michel refusa. Il s'en tenait aux raisons médicales. Et prétexta que la bouteille était probablement bouchonnée.

Sur le moment, Michel ne put comprendre le geste de

Léo. Il se moquait bien de boire, il souhaitait partager un moment avec ce neveu qu'il avait longtemps considéré comme son fils. De même qu'il avait refusé de se voir offrir la Porsche à Poggibonsi, Michel laissa passer l'occasion. C'était en 1989, le neveu avait quarante-sept ans ; Léo près de soixante-douze ans ; la bêtise d'être gêné inutilement, pour ce genre d'instant qui ne se représente pas. Le lendemain, Michel reprit son avion pour Paris — avec une liasse de billets en petites coupures de 200 francs que Léo lui avait glissés avec insistance.

Au TLP Déjazet, le théâtre libertaire parisien situé près des Grands Boulevards et surtout de la librairie anarchiste du 145 rue Amelot qu'il visitait et soutenait financièrement, Léo avait instauré un rituel avec son public. Avant de quitter la scène, à l'issue d'un tour de chant effectué exclusivement sur bandes magnétiques, le chanteur, ne sachant d'ailleurs pas trop comment occuper ses bras pendant les passages instrumentaux, demandait une ultime faveur : que l'on n'applaudisse pas après le dernier morceau. Il partirait dans le silence complet. Cette chanson, bien évidemment, c'était *Avec le temps.* L'instant du départ resterait en suspension. Quoi de plus cruel que de freiner le public dans son élan. Le geste, ou plutôt son absence, interdisait une dernière fois qu'on entrât dans la tête de Léo.

Cette chanson servait de point nodal à la lutte sans merci qui opposait désormais Léo à Madeleine. Elle figurait au centre des multiples procès sur la reversion des droits d'auteur que réclamait l'ancienne épouse dans le partage de la communauté de biens universelle. Il n'y avait plus rien à applaudir de ce triste théâtre. Le public obéissait, docile, sans chercher à comprendre. Léo, à travers son public, avait enfin le dernier mot. Son pouvoir se maintenait par ce jeu illusoire. La chanson lui appartenait. Personne, ni Madeleine, ni le public, ne la lui volerait plus. L'homme dressait le public avec les yeux. Geste messianique accompli. Il pouvait partir dans ce silence-là. En paix ? Non, jamais chez Léo.

Pour son dernier album de chansons originales, « Les Vieux Copains », il reprit un de ses premiers morceaux, *La chanson triste,* composée à ses débuts pour Renée Lebas. Elle avait paru en 1955. Patrick Ullmann pensait qu'elle lui était destinée. Lors d'une de leurs dernières balades dans la campagne toscane, Léo avait demandé à son ami : « Y a-t-il une chanson qu'on n'entend plus et que tu aimerais que je te chante ? — Oui, *La chanson triste.* » Léo lui disait adieu de cette manière-là.

À la même époque, Léo retravaillait sur des Baudelaire. La boucle était bouclée.

En Italie, la maison était plongée dans le silence. Il plaçait un magnétophone sur son piano. Il ouvrait *Les fleurs du mal,* au hasard, et chantait. Directement. S'il ne pouvait pas, il changeait de page. Ainsi Léo remettait-il de l'ordre dans ses affaires. Sur les conseils de Marie-Christine, la seule et unique fois où elle intervint dans son travail artistique, il enregistra tout un album autour de son parolier fétiche Jean-Roger Caussimon, l'auteur de *Comme à Ostende.* Léo accepta même de donner un concert pour son neveu, Jacques, dans son fief de Saint-Claude, dans le Jura. Le magistrat figura en photo dans le journal local avec son oncle. Ses amis et ses collègues s'étaient retrouvés ensuite dans la loge. Mais Léo était fatigué. Il enregistra cependant encore un disque. Pour ce projet autour d'*Une saison en enfer* de Rimbaud, Léo demanda à son fils Mathieu de tourner les pages. Ce fut leur première, unique et éphémère collaboration artistique.

Après un dernier Déjazet, l'idée germa d'une rentrée

parisienne au Grand Rex. Le multiplexe apparaissait comme l'un des derniers vestiges d'une époque où les chanteurs se produisaient dans des cinémas. On se souvenait du Grand Rex comme de l'Apollo de Nantes avec ses mille sept cents sièges. La salle avait été réservée du 18 au 25 novembre 1992. Le 26 octobre 1992, la nouvelle tomba. Ayant pris la route pour un tour de chauffe à Liège, Léo et Marie-Christine avaient dû s'arrêter à Strasbourg. Une hospitalisation s'était imposée, au Kremlin-Bicêtre. Marie-Christine dédommagea l'organisateur de Liège, qui n'avait pas contracté d'assurance. Des kinés effectuaient le voyage vers l'Italie. Léo se remettait difficilement de son opération sous anesthésie. D'autres spécialistes du cœur ne purent déterminer s'il s'agissait d'un cancer ou pas. La fatigue persistante s'expliquait soudain.

— Allez, mange, avale.

Vingt fois, trente fois peut-être, Marie-Christine répète la phrase. Léo garde la nourriture dans sa bouche. Il ne peut plus avaler. Son corps refuse. Lui qui aimait tant parler, commenter l'actualité, dans des énervements subits qu'il infligeait dès le matin à son entourage, qui finalement s'y était habitué, ne pouvait plus dire un mot. Le soir, il regardait avec Mathieu leur série américaine. Léo s'endormait, Mathieu le secouait pour vérifier qu'il respirait encore. On s'affairait autour de lui, mais entre soi. Les visiteurs se faisaient plus rares encore. Jacques, le neveu magistrat, passa en Italie. Il découvrit son oncle diminué. Quelques colères exprimées par borborygmes, mais il n'était plus qu'une ombre. Léo retombait dans son mutisme contraint. Marie-Christine continuait pourtant d'y croire. Oui, il allait se remettre. Il s'était toujours remis de tout, il allait se remettre, il remonterait sur scène. La vie reprendrait comme avant. Il le fallait. Cet homme lui avait tant appris, tant donné. Il avait changé sa vie. Elle était si jeune.

Au fond, elle sentait bien que la fin approchait. Marie-Christine l'avait alors réconcilié avec ses plus proches amis. Après de premières retrouvailles au Printemps de Bourges,

Maurice Frot était revenu en Italie. Depuis 1973, ils ne s'étaient guère vus, Léo et lui. Malgré la responsabilité de chacun dans cette brouille — on était jeunes, on s'enflammait comme des cons —, Maurice et Léo étaient heureux de se retrouver. Ils n'avaient pas besoin de parler. Léo était allongé, Maurice lui tenait la main. Maurice l'avait tant appelé « mon frère ». Léo ne disait rien. Après Popaul, mort le 7 novembre 1991, et Richard Marsan, le 8 octobre 1992, Maurice était un des seuls anciens qui restât.

Le 14 juillet 1993, Léo Ferré est mort.

À son enterrement, au cimetière de Monaco, un chanteur ami a arraché les appareils des photographes et les a jetés à terre. Il ne faut pas chercher à rentrer dans la tête des gens. Leçon numéro un.

Longtemps la télé est restée allumée. Une cassette dans le magnétoscope diffusait continuellement des images de lui. Marie-Christine l'a éteinte. Sa présence s'affichait toujours sur chaque mur de la maison. Dans la salle de la Moquette, un magnétophone jouait en boucle toutes ses chansons. En voiture, il y avait encore sa voix. Marie-Christine avait quarante-six ans, elle aurait pu refaire sa vie. Elle a préféré continuer sa vie avec Léo. Sans lui. Avec lui. Elle prenait la voiture et répondait à toutes les invitations lancées en son honneur, inaugurations de rues, de festivals, de salles à son nom. Elle roulait. Elle se retrouvait là, comme avant, dans toutes les villes qu'ils avaient traversées ensemble. Dans chaque lieu, un visage de Léo apparaissait. Il y avait toujours un restaurant, un hôtel pour se souvenir. La France, pour elle, c'était Léo. Ses enfants ont refusé de la suivre dans ce chemin d'outre-tombe.

Un jour, tous ses amis firent le voyage à Castellina in Chianti. Une fête avait été organisée. Soudain, la jeune Espagnole avait soixante ans, des cheveux blancs noués en chignon, qu'elle a refusé de couper avec l'âge. Marie-Christine a continué d'acheter des vieilles pierres et de tenir la comptabilité de son vignoble et de sa production d'huile d'olive. Sur les bouteilles de chianti, un petit dessin de Picasso, une tête de hibou, sert d'étiquette à une cuvée qui porte son nom, Marie-Christine Diaz. À l'heure où la musique ne nourrit plus son homme, elle entretient le domaine qui lui survivra, comme toutes les maisons que Léo a habitées et qui sont des lieux séculaires, même si lui aussi résiste bien encore à l'usure du temps.

La Moquette, c'est là qu'elle passe l'essentiel de ses journées. Mathieu, qui a eu ses premiers cheveux gris, lui fait face. Un temps, il a habité Monaco, où les bureaux des Éditions La Mémoire et la Mer ont été domiciliés. Son père avait souhaité créer cette structure pour son fils. Même s'il s'était promis que son fils n'aurait pas à travailler durement, comme lui, à devoir aux uns et aux autres, cette entreprise offrirait un lien, une activité. C'est le comptable qui en a trouvé le nom. Curieusement, personne d'autre n'y avait pensé. À la mort de son père, Mathieu, comme Marie-Cécile et Manuella, s'est enfermé dans le bureau, derrière la porte lourde en chêne travaillé. Il a posé un casque sur ses oreilles et écouté la musique de Léo, ainsi qu'il appelle son père, sans la voix, juste la musique. Il l'écoutait comme la première fois, à quatre ans. Il décida de rééditer toute l'œuvre. Il y avait deux Léo : un père, mort, et un artiste, bien vivant. Il disait faire la distinction.

En Italie, Mathieu rencontra une jeune femme, Manola, qui était serveuse dans un bar. Ils habitent aujourd'hui au milieu d'une oliveraie dans une maison située à quelques kilomètres de San Donatino, où ils font chambres d'hôtes. Ensemble, ils ont eu deux enfants, Charlotte et Nicolas. Chez eux, la présence de Léo Ferré est discrète : quelques ouvrages dans la bibliothèque, et le piano Steinway. Après la mort de Léo, Marie-Christine a racheté aux enchères le piano de l'île du Guesclin, pour 31 000 francs de l'époque, une fortune. Des vandales avaient uriné dedans. Marie-Christine l'a fait refaire et l'a offert à Mathieu. Le Steinway de Perdrigal fut quant à lui rapatrié à Versailles, dans cet appartement où Léo dormait lors de ses derniers concerts à Paris. Un temps, Mathieu, Manola, Charlotte et Nicolas furent domiciliés à Beausoleil, à la lisière de Monaco. Dans cet appartement qu'ils n'occupent plus, quelques photos demeurent ainsi que des dessins de Nicolas et Charlotte évoquant ce grand-père qu'ils n'ont pas connu.

Pour les quarante ans de Mathieu, une fête fut organisée en 2010 à San Donatino. Un cadeau lui fit particulièrement plaisir. Un ami lui avait concocté un album photos relatant une partie de pêche en Alaska. Mathieu est un bon pêcheur. Avec son cousin Michel, il est allé en Norvège, le coffre plein de victuailles, à affronter la mer du Nord. Un voyage au Canada fut aussi organisé. Des photos montrent le fils Ferré comme on le voit rarement aussi heureux, de longues boucles brunes au vent. Il a pêché de gros morceaux, 180 kilos, le dos éreinté à lutter avec la bête. Il pêche moins depuis qu'il fabrique de la bière, activité récréative dans son métier de producteur archiviste. Il a trouvé l'étiquette, le logo, le design. La bière est une rousse un peu amère. Il la prépare dans de grandes cuves en écoutant Liftiba, un groupe de gros rock italien, ou bien les Doors ou AC/DC. Il touille, transfère le liquide, surveillant la température. À 60 degrés, il ajoute la levure, puis laisse refroidir et macérer pendant trois semaines avant de la servir en bouteille. Une cigarette, mais il a promis d'arrêter de fumer. Retour à la Moquette. Mathieu vérifie ses mails. Parfois, il fait un tour sur Facebook. Pour la photo de son profil, il a choisi la pochette de « L'Espoir ». Tout le monde ne peut s'offrir ce luxe. Mais comment font ensuite les enfants des pochettes de disques ?

Le matin, Marie-Christine est allée faire ses courses à Castellina in Chianti. Sur le marché, de petites bonnes femmes à l'air pincé la saluent. Ce ne sont pas ses robes modestes qui la distinguent. Bien que Léo Ferré ne soit pas si connu en Italie, les gens savent le poète qui demeure. On sait aussi la maison, le rayonnement culturel : à quelques kilomètres de là, Sting possède également une maison. Ce coin de Toscane est magnifique. Marie-Christine salue en retour. Elle a adopté l'usage des bourgeois. La fille de réfugiés espagnols a gagné leur reconnaissance. Après un café, des allumettes, le tour chez le boucher, un morceau de tome locale bien relevée, elle reprend la voiture. Parler avec Marie-Christine est toujours trop court. Déjà qu'elle n'est pas bavarde... En plus, il y a cette autre voix. Impossible de la couper, celle-là... La voiture, c'est la Moquette ambulante. Un programme aléatoire des œuvres de Léo tourne en boucle.

— Vous écoutez souvent Léo ?

— Oui, tout le temps.

La discussion se poursuit dans la Moquette.

— Vous voyez, on a notre petit appareil branché. Quand on est ici, on a toujours sa voix qui nous accompagne.

— Les photos sur les murs, c'est à sa mort que vous les avez mises ?

— Certaines étaient déjà là, Mathieu qui pisse dans le pot de citron des voisins par exemple... Il n'y a pas tant de photos que cela... Vous trouvez ? Oui, un peu... Mais c'est bien qu'il soit là... Ça vous choque ?

— Il y a sa voix aussi...

— Oui, sa voix, son visage. C'est vrai que ces appareils qui enregistrent la voix... On entend toujours la voix des gens... Mais si vous n'avez pas enregistré votre voix, personne ne s'en souviendra. On ne l'entend plus, on l'oublie ; c'est terrible, non ?

— Les disques, ça permet...

— ... d'avoir toujours cette voix... Vous reconnaissez la voix quand vous l'entendez quelque part. Vos grands-parents sont-ils toujours vivants ? Est-ce que vous avez la voix de votre grand-père ? de votre grand-mère ? Non ? C'est une erreur... On devrait toujours enregistrer sa voix...

— Et là, c'est comme si vous étiez avec lui ?

— Oui.

— Vous souvenez-vous de la première chanson de lui que vous ayez aimée ?

— Oui : *C'est le printemps.* Une des premières que j'ai entendues.

Il était mort mais ses affaires n'étaient pas réglées. La succession de Léo et Madeleine n'avait pas été liquidée. Si Marie-Christine regrette aujourd'hui de ne pas avoir assez insisté auprès de Léo, craignant à l'époque les coups de sang que déclenchait le sujet, ce qu'elle doit régler aujourd'hui ne devrait la concerner en rien : le partage des biens de Léo et Madeleine. Si Mathieu a accepté la proposition d'une marque de sardines en conserve d'utiliser la chanson *C'est extra* pour une publicité, ce qui a déclenché des tombereaux de courriers outrés devant cette concesssion au monde marchand, c'est qu'il juge que ce n'est pas à lui de payer les expertises et autres frais d'avocats dantesques liés à ce partage insoluble des biens. C'est à Léo de payer, pense le fils.

Les maisons de Léo et Madeleine ont été vendues. Le château de Perdrigal l'a été en 2004. Durant toutes ces années après le départ de Léo puis celui de Madeleine, le lieu resta inhabité. Un jardinier se contentait d'arracher les mauvaises herbes. Le nouveau propriétaire, un riche entrepreneur franco-américain résidant en Floride, y a déplacé le chemin d'entrée, coupé des arbres, ouvert la toiture avec des sculptures et des chiens-assis d'un curieux anachronisme historique, aménagé une piscine et installé téléphones, téléviseurs, jacuzzis et internet à haut débit dans la quinzaine de chambres à thème destinées à accueillir les hôtes de passage à la faveur de mariages, réceptions ou tout simplement en quête d'une halte de charme : Gothic Bedroom, Asian Bedroom, King's Bedroom, Abstinence Bedroom, Ecuyer Bedroom, etc. La brochure du lieu est fière d'annoncer que la cuisine a été refaite avec un appareillage high-tech dans un style d'époque : dallage en pierre et bas-reliefs gothiques. La maison de Léo a été défigurée. D'ailleurs, son nouveau propriétaire ne veut pas entendre parler de Ferré.

L'île du Guesclin, en revanche, porte toujours l'âme de son ancien propriétaire. Elle a été vendue en 1996 à un riche entrepreneur allemand. Pour signer l'acte de vente, tous ont dû se retrouver : les ennemis d'hier et les futurs propriétaires, chacun représenté par son conseil respectif. Trop nombreux pour tenir chez le notaire de l'acquéreur, ils se sont donné rendez-vous dans la maison en Normandie des nouveaux propriétaires : Marie-Christine et une amie, la fille de Madeleine, le dernier mari de Madeleine.

Les routes avaient divergé depuis trop longtemps. Plus aucun espoir de réconciliation n'était possible. Seuls demeuraient une pluralité de points de vue figés dans des certitudes, la vérité de chacun sur ce qui était advenu longtemps auparavant et dont le souvenir s'est accommodé. Il est des faits qui ne sont plus remis en question parce que la plupart des témoins sont morts et que, pour ceux qui restent, la mémoire a fait son travail de sélection dans les événements qui s'arrangent comme ils peuvent avec la vérité.

C'est un buste en bronze posté, en plein courant d'air, à l'intersection de deux avenues bruyantes. À Monaco, la place Léo-Ferré semble moins large qu'un arrêt de bus. C'est ainsi que la principauté lui a rendu hommage. À son inauguration, aucun représentant de la famille princière ne s'est déplacé. À l'ombre des buildings rugissants, Léo en bronze ressemble à un oiseau dont le chant ne parviendrait plus à se faire entendre dans le brouhaha des 4 × 4. D'ici, on pourrait presque apercevoir l'appartement où il est né, la ferme où il a vécu avec sa première femme, Odette, le bureau du casino où son père faisait figure d'incontournable, l'église Saint-Charles rénovée en 1983 par le prince Rainier, et le cimetière marin où le chanteur est enterré avec son père Joseph et sa mère Marie-Charlotte. C'est une petite tombe en plein soleil, imposante, mais moins rutilante que celle, en marbre noir, de Joséphine Baker, sous un arbuste fleuri, à deux rangées de celle de Ferré.

En 1954, alors qu'il se produisait pour la première fois à l'Olympia en lever de rideau, Joséphine Baker n'avait pas daigné lui adresser un regard. Les cimetières sont moins regardants que les salles de music-hall... Ici, tout le monde est à la même enseigne sous le soleil brûlant. De longs cyprès tentent d'apporter une pointe d'ombre. Sur la stèle, le nom Léo Ferré est gravé au centre, en dessous de ceux de Joseph Ferré (1887-1973) et de Marie-Charlotte Ferré (1889-1978). Pour lui, ont été ajoutés, à l'or fin, le jour de sa naissance, « 24 août 1916 », et le jour de sa mort, « 14 juillet 1993 », avec les mentions « Poète » et « Musicien ». Marie-Christine arrose la tombe. Moi ? je serai enterrée là où on voudra bien me mettre, dit-elle sans façons.

La dernière demeure de Léo Ferré se trouve d'ailleurs non pas là mais au bout d'un chemin caillouteux s'échappant de la départementale SR429 qui relie Florence à Sienne. Régulièrement, des pèlerins feignent de s'y égarer. Ils savent que c'est là. C'est là qu'il a vécu, c'est là qu'il est mort. L'adresse est mentionnée dans *Le guide du routard*. San Donatino est un spot de l'agro-tourisme. Route en lacet et virages en épingle... Des voitures trop pressées de parcourir le dernier kilomètre soulèvent une poussière blanche. Les pèlerins prétextent un chianti à acheter, comme une bouteille jetée à la mer. Il se peut qu'un enfant s'aventure au jardin, par exemple la douce et rousse Marie-Cécile. Ses lèvres fines, son nez légèrement busqué ajoutent à la ressemblance. Lui en fille, curieusement, c'est canon. Parfois, l'un des pèlerins, les mêmes que l'on retrouve chaque année sur un piton rocheux du sud-ouest de la France à honorer la mémoire de Léo, les mêmes qui réveillent de vieux combats perdus d'avance le jour de la Fête du travail dans une salle parisienne tout acquise à la cause, s'approche d'un de ses bras. Qu'il touche, avant de s'agenouiller en pleurs. Maintenant, je sais que c'est vrai, maintenant je sais que vous êtes réelle, devine-t-on dans la parole de ce saint Thomas d'un jour découvrant les plaies du Christ par filiation interposée. Mais Jésus n'avait pas d'enfant. Jésus n'enregistrait pas de disques. Lui, au moins, on connaît Sa voix.

Un enfant aurait pu dire, ou bien Lui :

Un jour, mon pianiste Popaul est venu répéter à Perdrigal. Pépée savait confusément qu'il se passait quelque chose, qu'il n'était pas comme tous les autres. Quand il venait, elle le chahutait donc moins que les autres. C'était curieux, comme une prescience. Pépée avait la singulière manie de vous remplir votre verre de vin. Elle vous le donnait, vous le preniez et elle vous regardait bien comme ça, le regard à hauteur de votre gorge, à se demander où ça peut bien foutre le camp tout ce qu'on ingurgite. Voilà, elle regardait comme ça. Popaul était à votre place. Moi, j'étais là, à côté, je ne disais rien. Soudain, je vois Pépée qui prend la bouteille et qui remplit de vin le verre de Popaul. Elle attend... Évidemment, Popaul ne peut voir qu'elle l'a servi. Je ne dis rien. J'attends, j'attends un miracle. Le miracle s'est produit. Pépée a passé sa main devant les yeux de Popaul. Aucune réaction de l'aveugle. Pépée a alors pris sa main et l'a conduite vers le verre. Elle a délicatement guidé sa main à sa bouche. Elle l'a regardé boire. Et moi, je pleurais.

Remerciements

Marie-Christine, Marie-Cécile, Manuella et Mathieu Ferré, qui m'ont ouvert les portes de leurs archives et accueilli en Toscane et à Monaco.

Jeanne Diaz, Danielle Diaz, Michel et Françoise Bergeron, Jacques Bergeron, et Marie-José et Bernard Cabin-Bergeron, qui m'ont parlé de leur gendre, beau-frère et oncle, en Toscane, dans l'Allier et le Jura.

Pierre Achard, José Artur, Jean-Michel Boris, Michel Bouquet, Blandine de Caunes, Robert Charlebois, Daniel Colling, Daniel Cohn-Bendit, Jean-René Cristiani, Jean-Michel Defaye, Jean-Louis Foulquier, Pierre Gairret, Ivry Gitlis, Ninette Grooteclaes, Michel Klein, Arlette Leclercq, Marianne Mille, Jean-Pierre Mocky, Serge Porcher, Patrick Ullmann, Philippe Val, Michel Ripoche, Juliette Gréco, Nicole et Rolf Hess, Moulino, Philippe Nahon, Dominique Samarq, Francesca Solleville, Laurent Stocker, Charles Szymkowicz, dont les souvenirs ont nourri ce livre.

La cinéaste Aline Issermann, la pédopsychiatre Martine Nisse, le Père Stéphane Joulain, psychothérapeute spécialiste des questions de pédophilie dans le clergé, qui m'ont éclairé sur les aspects psychologiques du personnage.

Merci à

Sibylle Dehesdin pour ses conseils de lecture ;
Raphael Haroche, pour ses encouragements et son amitié ;
Aurélien Masson, éditeur passionné, pour son soutien et sa confiance dès les premières lignes du synopsis ;
François Le Ténaff ; Anne-Gaëlle Fontaine ; Hélène Mangano pour sa rigueur et sa minutie.

Sources bibliographiques

Benoît Misère, Léo Ferré (Éditions La Mémoire et la Mer)
Vous savez qui je suis maintenant ?, Léo Ferré (Éditions La Mémoire et la Mer)
Dis donc Ferré, Françoise Travelet (Éditions La Mémoire et la Mer)
Les Chemins de Léo Ferré, Jacques Layani (Éditions Christian Pirot)
Les Mémoires d'un magnétophone, Madeleine Ferré (Éditions de Perdrigal, 1967)
Une vie d'artiste, Robert Belleret (Éditions Actes Sud)
Léo Ferré, Comm' si je v'vous disais, Maurice Frot (Éditions de L'Archipel)

Source radiophonique

Les Archives de Radio Canada du 5 février 1970

Composition CMB Graphic.
Achevé d'imprimer
sur Roto-Page
par l'Imprimerie Floch
à Mayenne, le 24 avril 2013.
Dépôt légal : avril 2013.
Numéro d'imprimeur : 84803.

ISBN 978-2-07-013315-4 / Imprimé en France.

181815